イシュー思考

和氣忠

Waki Tadashi

かんき出版

はじめに

「イシュー思考って難しい！」と感じているあなたへ

あなたは、日頃、「仕事が思うように進まない」と感じるとき、どんなことで困っているでしょうか。

「解決すべき問題が目の前にあっても、どこからどう手をつけたらよいか見当がつかない」
「頑張っているのに成果が出ない、無駄な作業を繰り返している気がする」
「チームのメンバーがバラバラに作業を進めていて、成果をまとめるのが難しい」
「議論をしても話がまったく噛み合わず、いつまでも意思決定されない」
「そもそも何のためにやっているのか、何を目指しているのかも曖昧」

イシュー思考ができれば、このような困りごとを回避することができます。常に、今何を目指しているかが明確に共有される状態になって、必要な作業が漏れることなく明らかとなり、同時に無駄な作業もなく、社内・社外との議論やコミュケーションが進めやすくなって、意思決定も速やかになります。

すなわち、**生産性を非常に高め、ストレスも大幅に減らすことができる**のです。

しかし、「イシュー思考」と聞くと、とても魅力的な響きがありつつも、すごく難しそうと感じてしまう方が少なくないかもしれません。

確かに、一見、難しく感じられますね。

ですが、自転車に乗れるようになるのと同じだと考えてください。最初はなかなか自立できませんが、ちょっとしたコツをつかんだ瞬間からスイスイと乗れるようになります。慣れてしまうと、どのようにすると自転車に乗れるのか、などは全く忘れてしまって、無意識のうちにラクに自転車に乗っていますね。イシュー思考も同じです。

ぜひ、本書を通じて、このコツをつかんで「イシュー思考」できるようになっていきましょう。

イシュー思考とは

イシュー思考は、何か問題を解決しようとする際に使う思考法の一つで、「イシュー」という概念を用いることが特徴です。

では、イシューとは何でしょうか。

ある大きな問題に直面した時、これをやれば問題が解決するだろうと思われる課題を設定して取り組んでいきますが、この課題の設定にはいくつかの切り口＝アプローチが考えられます。そして、課題設定の切り口次第で、問題が解決するかどうかが左右されます。

裏返せば、課題設定の切り口を誤ると、どんなに頑張っても問題は解決しません。

「**問題の本質を捉え、その課題を解けば確実に問題を解決することができる**」課題のことを「**イシュー**」と呼びます。

わかりやすい例を挙げてみましょう。

「今の収入では、生活が立ちゆかない」という問題を解決したいとき、

A どうすれば宝くじで1等を当てられるか考える

B どのカードローンでお金を借りるか考える

C いかにして収入を増やすか考える

のうち、どの課題に取り組むべきかは一目瞭然ですね。

Aは、当せんすれば問題は解決するかもしれませんが、当せんする確率はほぼゼロです。

Bは、お金を借りること自体は簡単にできますが、借金を抱えてしまうので、問題の本質的な解決にはなりません。

Cは、工夫は必要ですが不可能なことではなく、成功すれば問題を根本から解決できます。したがって、Cこそが取り組むべき課題＝イシューであって、AやBはどんなに頑張っても時間と労力の無駄と言えます。

イシューかどうかの見分け方は、大変シンプルで、①不可能ではなく工夫すれば解くことが

できて、かつ、②解いた結果が必ず問題の本質的な解決につながることです。縮めると、

イシューの要件：①解き得る、②解いた結果のインパクトが大きい課題

となります。

前述のAやBのように、そもそも解くことが不可能な課題や、解いたところで本質的な問題解決につながらない課題は、イシューではありません。

このように、**その問題における「イシュー」**（**解くべき課題**）**を特定することが、イシュー思考の第一歩です。**イシューを適確に特定できれば、無駄なことに時間や労力、資金などの資源を投入することを防げます。

これが、イシュー思考が生産性をアップする理由の一つです。

イシューが特定できたら、次はそのイシューを解く作業です。

前述した例のCで「工夫をすれば」解けると書いたように、問題の本質であるイシューを解くことは、多くの場合、簡単ではありません。

そこで編み出されたのが、**イシューをより小さい課題に分解して体系化していく手法（＝イシューアナリシス）**です。

これによって、イシューを解くためのあらゆる可能性を追究しつつ、同時に、無駄に風呂敷を広げてしまって非効率になるのを避けることができます。

具体的には、イシューという一つの課題を解くために必要な複数の下層課題（＝サブイシュー）を書き出すという作業をします。その際、**イシューを解くために必要な課題が過不足なく書き出されている、すなわち、必要な課題は漏れなく書かれていると同時に、無駄な課題は書かれていない**ことが重要です。

つまり、関係のありそうな課題を機械的に羅列するのでなく、十分に吟味しながら書くという作業が必要になります。

**図0-1　イシューアナリシス：
イシューをより小さい課題に分解して体系化する**

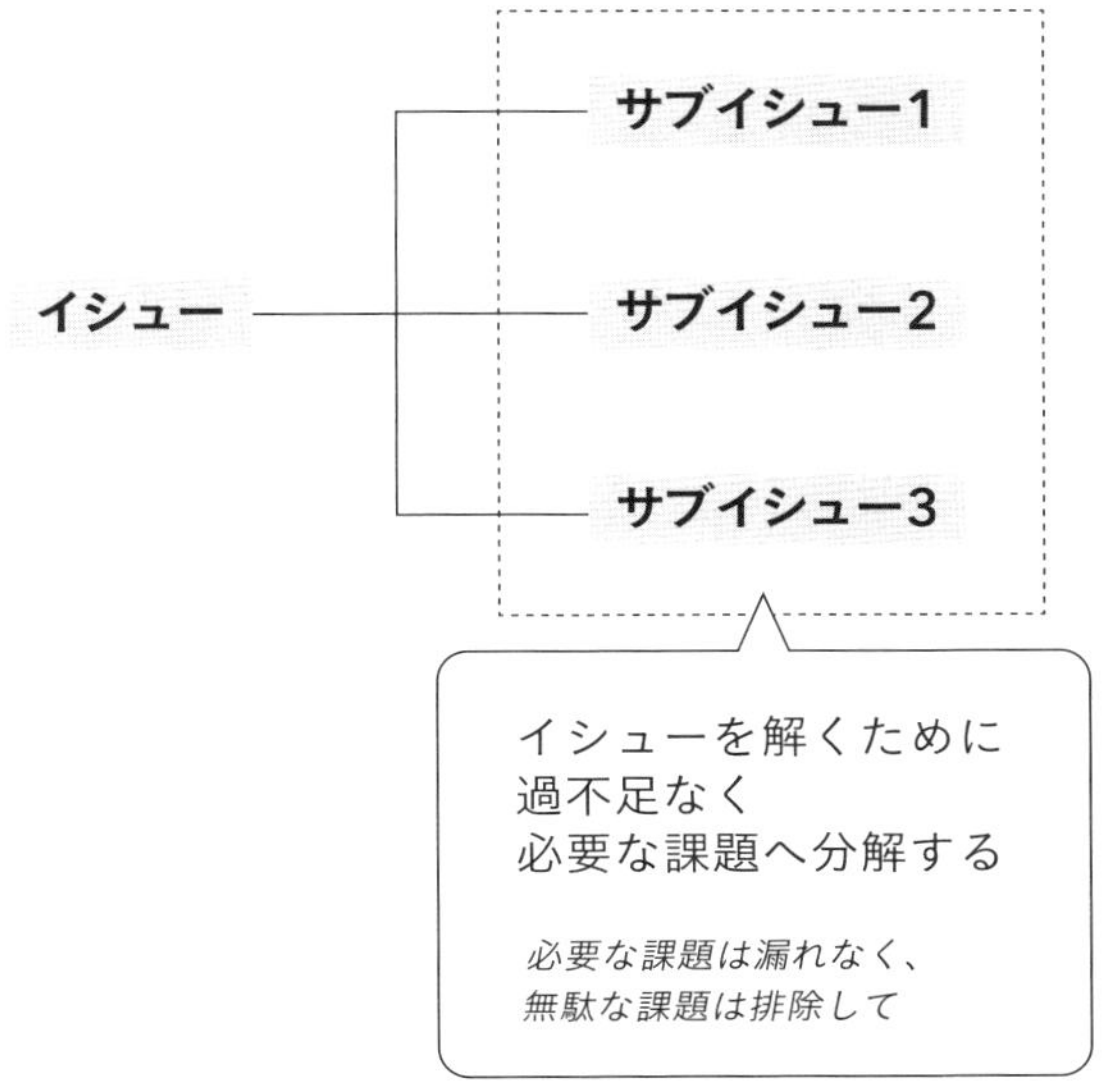

**十分に吟味して取捨選択しながら分解する。
機械的に分解して羅列するのとは全く違う**

イシューをサブイシューに分解できたら、同じやり方で、各サブイシューを解くために必要な最もシンプルな課題（サブサブイシュー）にまで展開します。すると、全体がイシューを頂点とする論理的なツリー構造に体系化されます。

完成した「イシューの体系図」は、問題解決の設計図として使っていきます。末端のサブサブイシューをすべて解決すれば自動的にサブイシューが解かれ、すべてのサブイシューが解かれれば大元のイシューが解かれる仕組みになっています。

つまり、**イシューの体系図は、問題解決全体の論理構成が見渡せると同時に、問題を解くために必要なすべての作業項目が網羅されたマップとなっているので、これに従って問題解決を進めていけば、無駄なく効率的に目的を達成する**ことができます。

さらに、可視化されたイシューの体系図は、チームメンバー間で共有することも容易です。課題の検討や作業を進めていく中で、どこか一箇所の仮説が検証されたとき、関連してどこを見直す必要があるのかが一目でわかるため、アップデートしていくことも容易にできて、個人の生産性だけでなく、チームの協働作業の効率を飛躍的に高めます。

これが、イシュー思考が生産性をアップするもう一つの理由です。

図0-2 イシューの体系図

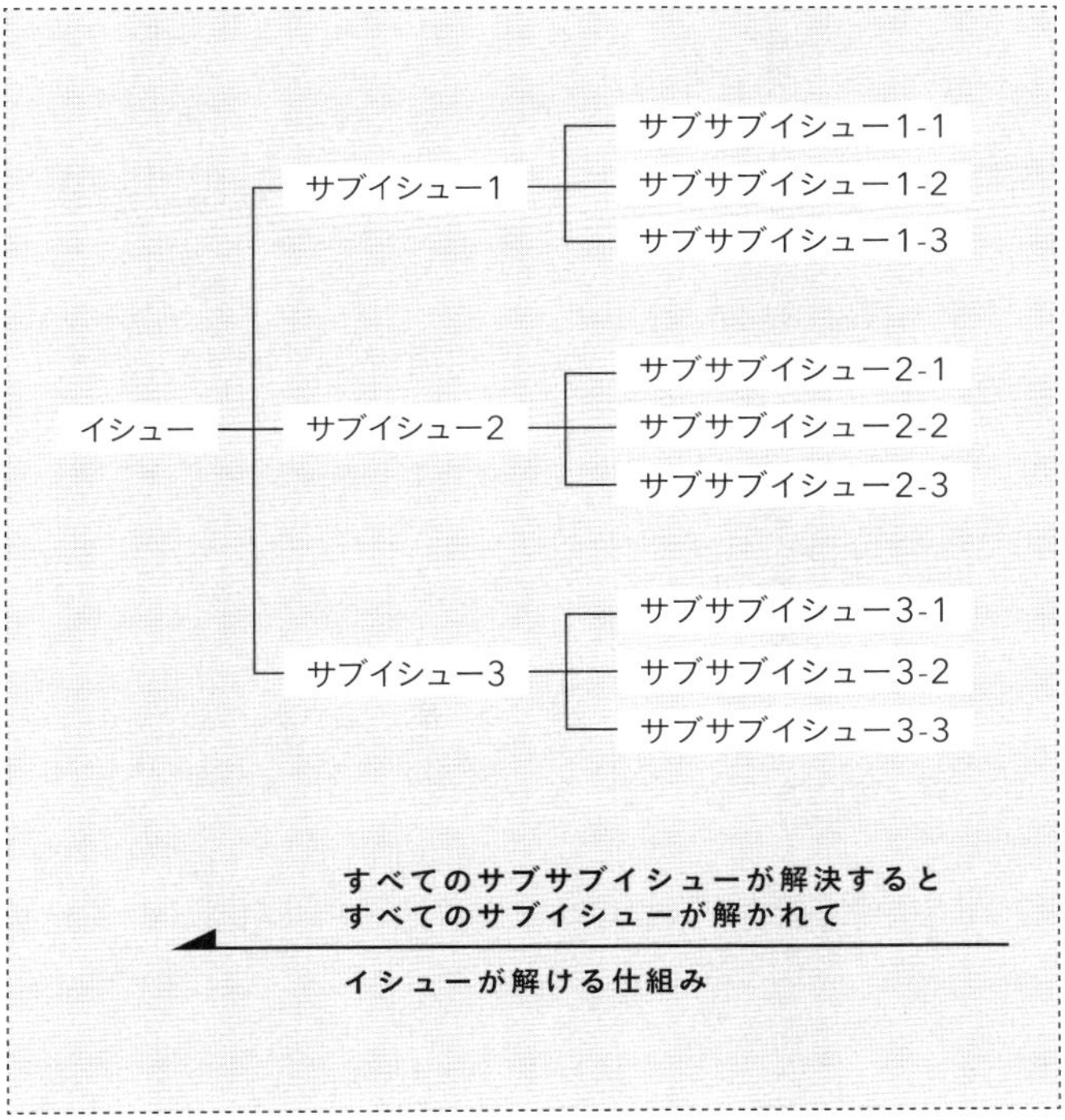

問題解決の論理構成と、解くために
必要となるすべての項目が可視化されたマップ

これを指針とすれば *無駄なく効率的に問題解決できる！*

まとめると、イシュー思考は、

☑ 問題解決に向けて本質的な課題を見極める「イシューの特定」
☑ 特定されたイシューを実際に解いていくために分解して体系化する「イシューアナリシス」

この二つのフェーズで構成されています。

どちらのフェーズにおいても、無駄な作業を避け、本当に必要な課題のみに取り組めることが最大のメリットです。

したがって、イシュー思考ができるようになると、知的生産性は何倍にもなります。

イシュー思考の生産性をさらに上げるよう寄与しているのが、「仮説思考」です。

イシュー思考の重要な特徴として、イシューの特定、イシューアナリシスのどちらのフェーズにおいても、仮説思考をツールとして駆使するという点があります。

何をイシューとしたらよいか、あるいはどのようなサブイシューを置いたらよいか、一発で〝正解〟を見つけるのは容易ではありませんが、思い悩んでいては生産性が上がりません。

そこで思考停止にならないで済む方法が、仮説思考です。

仮説思考とは、その名の通り、まずは間違っていてもよいから仮説を立てて、それを叩き台として思考活動を前進させる思考法です。頭の中で逡巡しているのではなく、とりあえず言葉にしてみて、それを修正しながら正解に近づいていくのです。

この仮説思考をフルに活用してイシュー思考を進めることによって、仕事における知的生産性が極限まで高められるのです。

本書の狙い

イシュー思考は、目的を少ない時間と手間で超速で達成する、いわば〝超特急〟のような思考法ですので、ビジネスパーソンはもちろん、研究者や学生も含め、多くの方々が使えるようになってほしいものです。

同じことをよりラクに達成できるようになれば、知的生産性を飛躍的に高められるだけではなく、心のストレス軽減も同時に達成されるようになります。また、組織にとっては、メンバーのストレスを下げつつ、限られたリソースをより有効に活用できるようになります。

このようにイシュー思考は大変優れた思考法ですが、その全体像を明確に把握して使いこなせている人はまだまだ少数派なのが現状でしょう。本書は、一人でも多くの人に、イシュー思考の素晴らしさとそのノウハウを伝えようという動機から著しました。

これまでイシュー思考について解説した書籍や記事の多くは、「イシューとはどういうものか」といった話が多く、イシュー思考を実際に使って問題解決に取り組む際の具体的な方法についてはほとんど触れられていません。

「イシューの特定」に関する解説はこれまでにも多少はありましたが、イシューを過不足なく分解して問題解決の全体像を可視化する「イシューアナリシス」については具体的に解説されたものがほとんどないので、ブラックボックスのように感じられている方が少なくないでしょう。

本書では、イシューの特定とともに、イシューアナリシスについても具体的に手取り足取り解説しているので、きっと多くの方の役に立つと確信しています。

イシュー思考は、使いこなせるようになればこれほど便利なツールはないのですが、使いこなせるようになるまでにはある程度の時間が必要です。

イシュー思考の難しさには、二つの要因があります。

一つは、正しいやり方、すなわち「型」を知らないこと。

もう一つは、その「型」に組み込んでいく「中身」（具体的に書き込む内容）を書くための経験や知識が不足していることです。

イシューを特定したり、サブイシューへ展開していく切り口を見つけることは、けっして機械的な作業ではなく、知恵を絞る創造的な仕事です。これには、多くの経験と知識、そしてそれらを土台とした、汎用性の高いパターン認識が求められます。

経験や知識は一定の時間をかけて積み重ねていくしかありませんが、「型」は集中的に学ぶことで身につけることができます。


本書では、イシュー思考の「型」を、ケーススタディーを含めて具体的に解説します。

まず、イシュー思考の「型」を覚えてください。

そして、この「型」をイシュー思考を進める骨組みとして、そこへあなたの経験と知識を肉付けしていってください。

この経験と知識が、イシュー思考において仮説を具体的に案出する源泉になります。経験と知識が足りないと感じたら、臆することなく経験者から借りましょう。

研鑽を続けていけば、必ず、イシュー思考を自由自在に使えるようになります。

私の人生を変えたイシュー思考

私自身は、イシュー思考をマッキンゼーのコンサルタント時代に徹底的に叩き込まれました。

そして、その後のカーライル（プライベートエクイティファンド）の投資先企業の支援、アクセンチュア戦略部門のマネジングディレクターとしてのコンサルティング、そして、独立起業後も、あらゆる場面で、常にこのイシュー思考を繰り返し使って、さらに磨いて、自分自身の知的生産性を上げ続けています。

私は、大学卒業後、社会に不可欠な大きなインフラを造る仕事がしたいと思い、日本全国の高速道路、有料道路を担っていた日本道路公団（分割民営化して現在はＮＥＸＣＯグループ）の技術職としてキャリアをスタートしました。

８年間にわたって、高速道路の計画、有料道路制度の改革、高速道路の建設工事などに携わります。名港中央大橋（当時、世界最長の斜張橋）の設計や工事の施工計画、日本全国に有料道路ネットワークを広げていく有料道路制度改革、また、首都圏の有料道路計画など、どれも貴重な経験でした。

優れた先輩方の下で多くのことを学び、そこそこ仕事もできるようになったと思っていました。

そして、米国スタンフォード大学のＭＢＡコースへ留学した後、縁あって30代半ばにマッキンゼーに入社しました。そこでいきなり、プロの問題解決の思考法にさらされて、カルチャーショックを受けました。

まず、会話が違う。

「それってイシューなの？」
「それはイシューじゃない！」
「ちゃんとイシューアナリシスして」

入社時のトレーニングは受けましたが、実地ではチンプンカンプンでした。

当時は、イシューアナリシスも満足にできず、サブサブイシューに落とし込まれた個々の作業（調査・分析など）ですら、10歳ほど若い2年目、3年目コンサルタントの足元にも及ばない駆け出しコンサルタントでした。

そんな私でも、先輩コンサルタント、マネジャー、パートナーから繰り返し薫陶を受けて成長し、数年後には、イシュー思考を駆使して、プロジェクトにおける問題解決を生産性高く完遂できるようになりました。

その後、マネジャーとなり、パートナーとなって、幾多のプロジェクトを日本、米国、欧州、中国、インド、中東を跨いでリードしました。**マッキンゼーにおいて、イシュー思考は、国を超えたグローバルチームの標準言語**でした。そのおかげで、初対面のミーティングから「イシュー思考」に基づいて生産性高く議論ができたのです。

そして、マッキンゼー東アジア地域（日本、中国、台湾、韓国）のマネジャートレーニングのリーダーとして、毎年3回の集中オフサイトトレーニングを立案・実施するまでに至りました。

マッキンゼーにおけるマネジャーとは、昇進要件をクリアした一定以上のスキルを持つコンサルタントで、プロジェクトの現場を統括する中核人材です。したがって、このマネジャーのスキルをアップするトレーニングは、マッキンゼーにおける最重要トレーニングの一つです。

このマネジャートレーニングのリーダーを長く経験したことが、私にとっては、イシュー思考などのスキルをどのように伝授するのかについて、多くのことを学ぶ機会となりました。


実は、私にとって、イシュー思考を体得するのはたやすくはありませんでした。

私も、経験と知識が足りない時代には、イシューアナリシスを進めて、そのアウトプットであるイシューの体系図をチーム内で共有することがとても怖く、ドキドキした思い出があります。

最初から簡単にできたわけではない私自身が、本当にできるようになれたからこそ、イシュー思考の内容と実務的なポイントを噛み砕いてお伝えできるようになれたと思います。


安宅和人さんの名著『イシューからはじめよ』（英治出版）が日本のビジネス界にイシューという言葉を広く浸透させ、多くの方々のイシューの意識を大きく前進させました。

この『イシューからはじめよ』が最初のきっかけとなって、この他にもイシュー思考に関する数々の本や記事が世に出されるようになりました。

そのなかで、本書の特徴は、イシュー思考を「あなたが本当に実践できるようになること」を目指して、基本となる「型」をわかりやすい例に沿って解説していることです。

イシュー思考を実際に進めるとき、どのように思考するのか、どのように言語化するのか、丸めて表現してしまうと、どんなふうにアタマを使っていくのか、をよりイメージしやすいように書きました。

それでは、はじめましょう。

ＤＴＰ　佐藤純（アスラン編集スタジオ）
ブックデザイン　山之口正和＋永井里実＋高橋さくら（ＯＫＩ－ＫＡＴＡ）

目次

第1章 イシュー思考「入門」

第2章

イシュー思考の「型」

第3章 イシュー思考「応用編」

第4章 イシュー思考「実践編1」

第5章

イシュー思考「実践編2」

最終章 まとめ

第1章

イシュー思考「入門」

イシュー思考の「2つのフェーズ」

イシュー思考は、2つのフェーズからなります。

フェーズ1　イシューの特定

ある問題に直面した時、目的を明確化して、その目的を達成するために、どのような切り口から捉えて問題解決していくか、有効なイシューを特定する。

フェーズ2　イシューアナリシス

特定されたイシューを論理的に分解して、よりシンプルな課題（サブイシュー）のセットへ落とし込み、効率的に分析・解釈・判断できるよう体系化して問題を解いていく。

この分解は、仮説に基づいて、イシューを論理的に検証できるよう展開していく。このように体系化されたイシューの体系は、問題解決の指針となる。

近年、「イシュー」という言葉が市民権を得て、多くのビジネスパーソンの知るところとなったのは喜ばしい反面、これらの言葉が独り歩きして、正しく理解されないままに使われている感も否めません。

イシュー思考は「本質的な課題を見極めて、問題解決のアプローチを体系的に考える思考法」と言われてはいるものの、課題の特定が曖昧なまま、イシュー思考＝イシューツリーへの分解に入ってしまう「イシュー思考＝イシューツリー分解」という単純な理解を戒めるために、右記のように2つのフェーズに分けています。

イシュー思考をする際に忘れられやすいのが、イシュー思考のスタート地点となる「課題

図1-1　イシュー思考を構成する2つのフェーズ

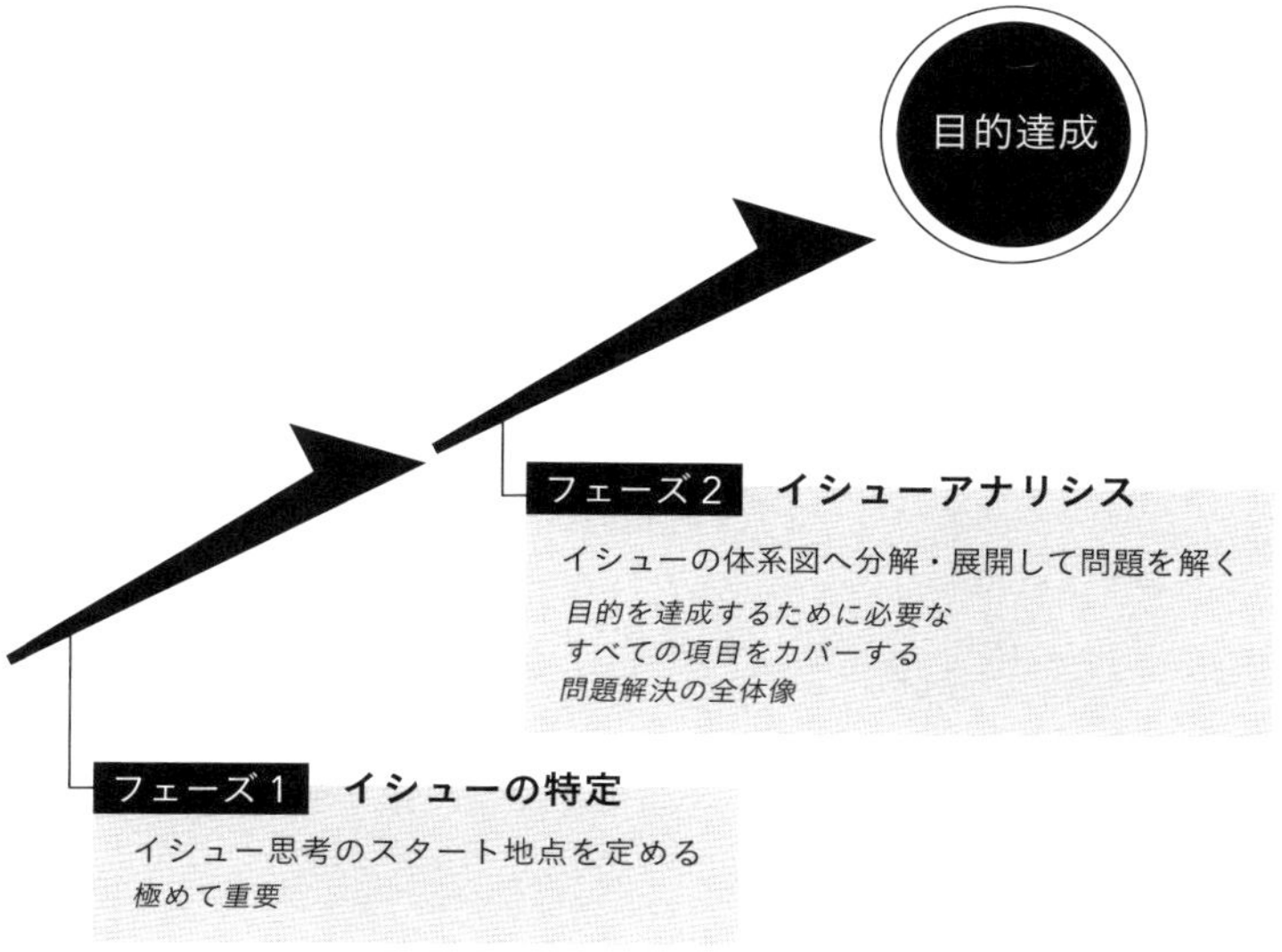

の特定」の重要性です。

目的を達成するためにどんなアプローチをするべきか？　という「切り口」はさまざまに考えられますが、**その中から、真に追究するに値する切り口を見極めて、それを課題と特定する作業は、一般に思われているよりはるかに重要**です。

その段階を飛ばして、場当たり的な課題設定の下に分析作業を始めても、徒労に終わるか、悪くすると間違った結論にたどり着きかねません。

また、イシューアナリシス自体も、誤解されていることが往々にしてあります。

極端な場合、課題を単純ＭＥＣＥ（Mutually Exclusive and Collectively Exhaustive：相互に被りなく、全体として漏れもなく）分解したものや、フレームワークの構成項目に沿って分解したものを寄せ集めて、イシューツリーと呼んでいるケースも散見されます。

誤解のないようにお伝えしておくと、決してＭＥＣＥやフレームワーク思考は使えない思考法だと言っているわけではありません。

実際、イシューアナリシスにおいても、サブイシューに落とし込んだ個々の項目について分析する際には、これらの思考法が大変有効なツールとして活用されます。

では、何がイシュー思考と他の思考法とは違うのでしょうか。

一言で言うと、「目的」を達成するための問題解決の全体像を網羅しているかどうか、です。

イシュー思考は、目的を達成するために必要なすべての項目を満たすように組み立てられた論理構造がベースにあります。

完成したイシューの体系図は、単にツリー型の形式になっているのではなく、問題解決の全体像と、個別の分析／実行タスクが論理的に体系づけられて可視化されたものです。

一見、似たようなツリー型の「絵」になっていたとしても、課題から分解された項目がその課題を解く十分条件となっていなければ、イシューツリーとは呼べないのです。

「**十分条件**」**とは**「**必要な項目が漏れなくすべて含まれていること**」です。本書では、「十分条件」をこのような意味で使っていきます。

次節「何がイシューで何がイシューでないのか」では、イシューの特定にあたって、必ず理解しておかなければならない「イシューの要件」について、その後に続く「イシューの体系へ展開する」では、イシューアナリシスにおけるサブイシューへの展開について、説明していきます。

何がイシューで何がイシューでないのか

イシューの要件は、極めてシンプルで、「①解き得る」かつ、「②解いた結果のインパクトが大きい」課題です。

例えば、「海外で働くことを目指して、1年間で英語力を必要レベルまでスキルアップする」は、①解き得て、②解いた結果のインパクトが大きいのでイシューです。

解けない問題、解いたところで結果の効果・インパクトが些細な問題は、イシューとはなり得ません。イシューとは、問題とされる状況を打開しようとする課題のうち、このイシューの要件に適うものを吟味して特定したものです。

この定義より明らかなように、イシューとは、時間と労力、資金を投入して取り組むべき価値がある課題です。決して解けない課題にいくら取り組んでも、徒労に終わってしまいます。

図1-2　問題、課題、イシューの関係図

図1-3　何がイシューで、何がイシューでないのか

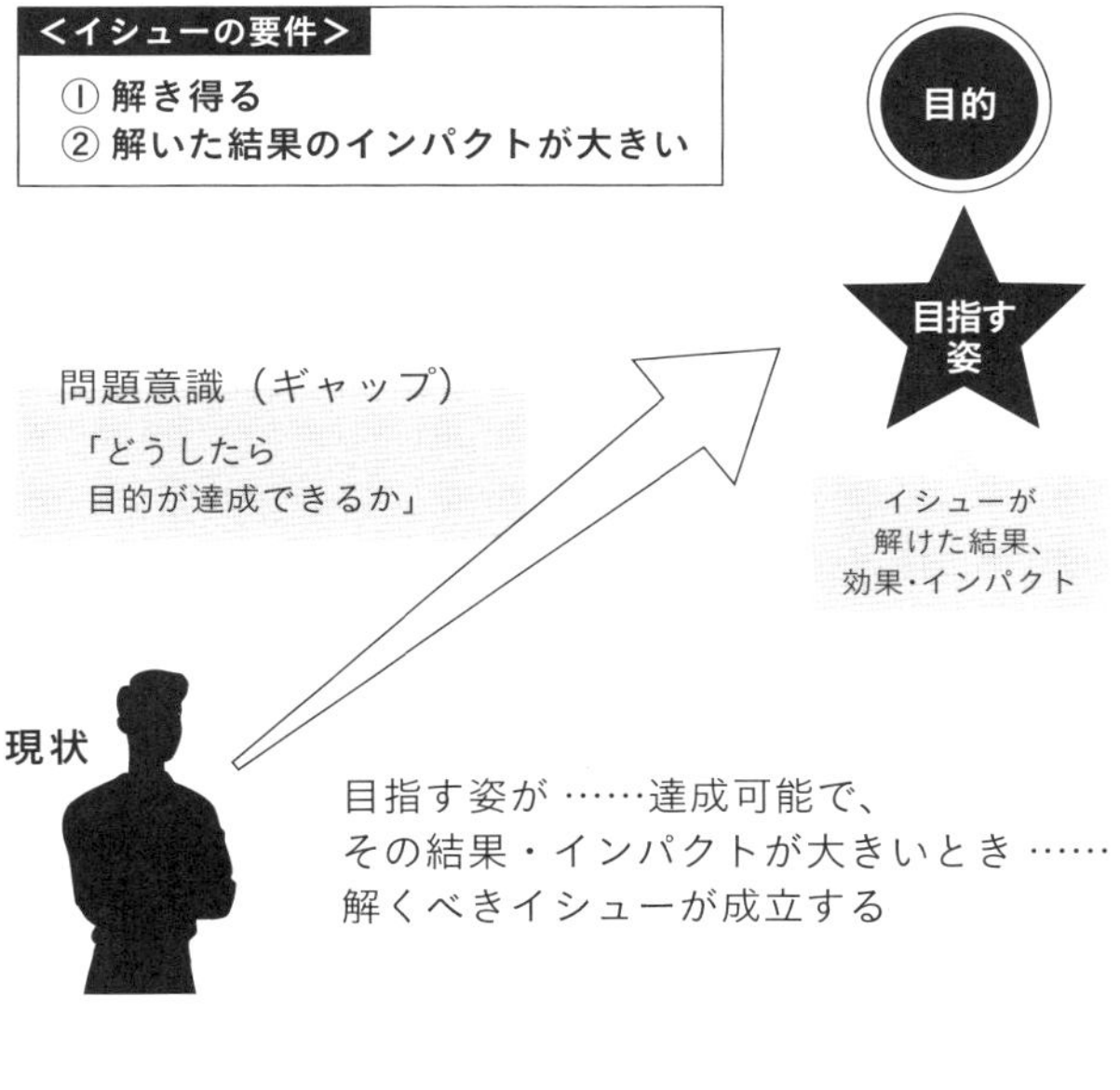

そして、そのイシューが解けた成果として、貴重な時間と労力、資金を投入しただけの、またはそれ以上の効果・インパクトがリターンとして得られるからこそ、取り組む意味があるのです。

リターンが十分に期待できない課題に時間と労力、資金を投入するのは無駄です。

このイシューの要件に外れる課題は、はっきりと「イシューではない」と認識します。

もし、イシューなのかどうかを見極めるために時間と労力、資金が必要なのであれば、それは最小限にとどめて早々に判断を下します。

「イシューの体系」へ展開する

あるイシューを解きたい時に、そのイシューを論理的に分解してよりシンプルなサブイシューに落とし込み、効率的に分析・解釈・判断・実行できるようにイシューを体系化します。

その際、分解したサブイシューのセットが、大元のイシューを解くための十分条件（論理的に説明するために必要となる項目がすべて含まれている）となるような「結論説明型」の展開になっていることが特徴です。

サブイシューをさらに分解したサブサブイシューとサブイシューの関係も同様に「結論説明型」の展開です。

すなわち、サブサブイシューをすべて解くと、自動的にサブイシューが解かれ、ひいては、大元のイシューが解かれる仕組みになっています。

しかも、サブサブイシューは、シンプルで具体的な分析課題として個別の分析項目にまで分解されているので、サブサブイシューをリストアップすれば、それがそのままイシューに対する問題解決のアクションプランとして使える利点もあります。

つまり、**イシューアナリシスは、イシューを噛み砕いてよりシンプルな課題に分解する過程であると同時に、各サブサブイシューを解き切った瞬間に、イシューに対する問題解決の実行計画が組み上がっているという、非常に生産性が高い手法**なのです。

図1-4　イシューの体系図　典型的なパターン

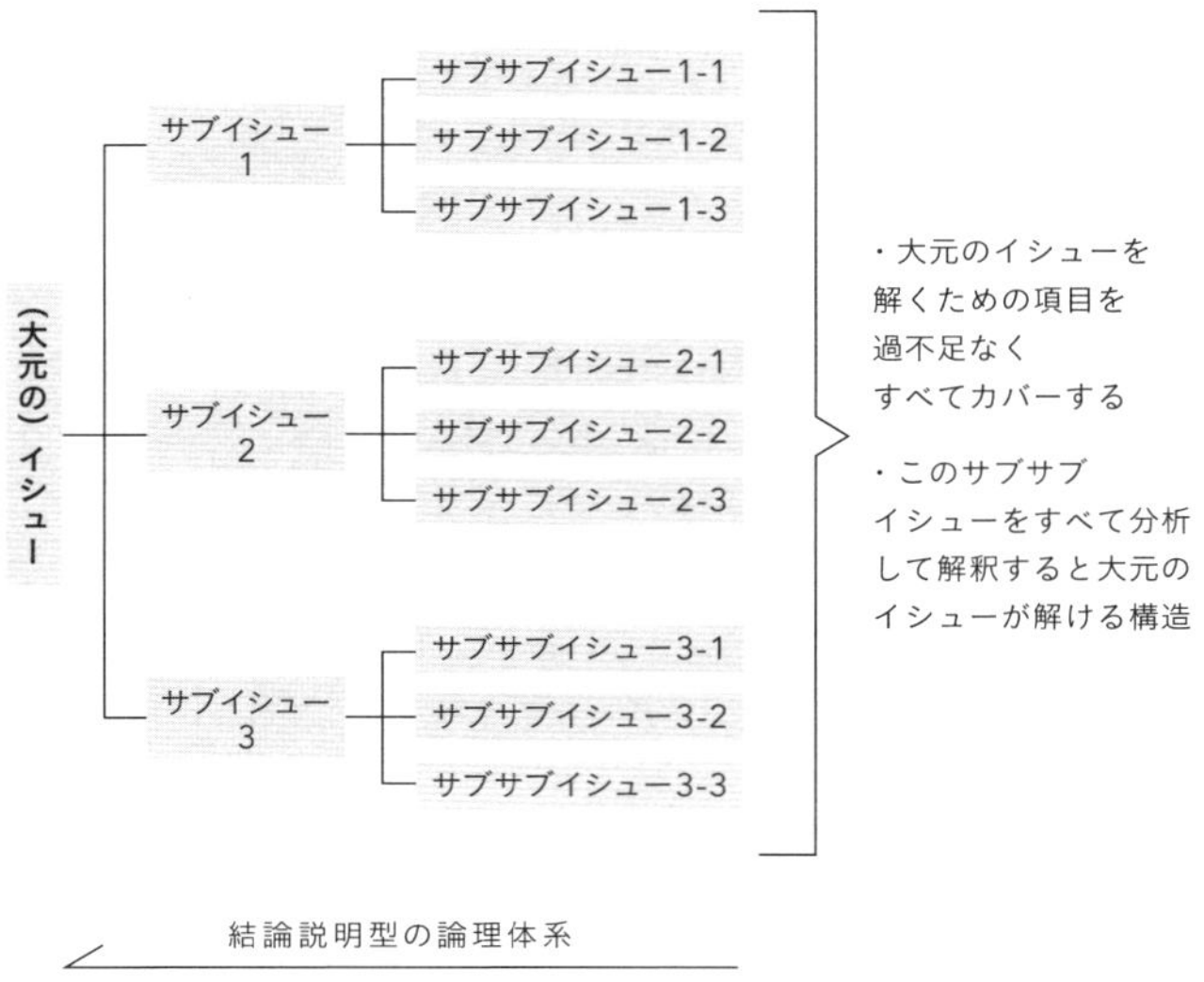

イシュー思考の「6つのプロセス」

ここで、イシュー思考の全体像を理解しましょう。
イシュー思考は、6つのプロセスから構成されます。

❶ 目的と目指す姿を言語化する
❷ イシューを特定する
❸ イシューステートメントへ言語化する
❹ サブイシューへ展開してイシューを体系化する
❺ 分析・解釈・判断する
❻ 結論版へ書き換える

ⅠとⅡが、「イシューの特定」フェーズ、Ⅲ～Ⅵまでが、「イシューアナリシス」フェーズです。

この全体像の構成は、6つの「ステップ」ではなく、6つの「プロセス」です。

イシュー思考は、Ⅰ~Ⅵまでを順番に進めれば完了、という単純一直線な思考ではありません。

思考を進めながら、一つ前のプロセスに立ち戻って検証し直したり、さらに、もう一つ前のプロセスを手直ししたり、といった「思考の往復運動」をしながら前進します。

いわば、「3歩進んで2歩下がる」ことを繰り返しながら、着実に前進していくイメージです。

このような「思考の往復運動」は、一見すると無駄のように感じられるかもしれませんが、これは、常に「仮説思考」を実践しているからに他なりません。

すなわち、イシュー思考は、仮説思考をフル活用しながら、以上の6つのプロセスにおいて「思考の往復運動」をしながら進んでいくものなのです。

次節では、イシュー思考の推進エンジンとなる仮説思考について詳しく解説します。

図1-5　イシュー思考の全体像

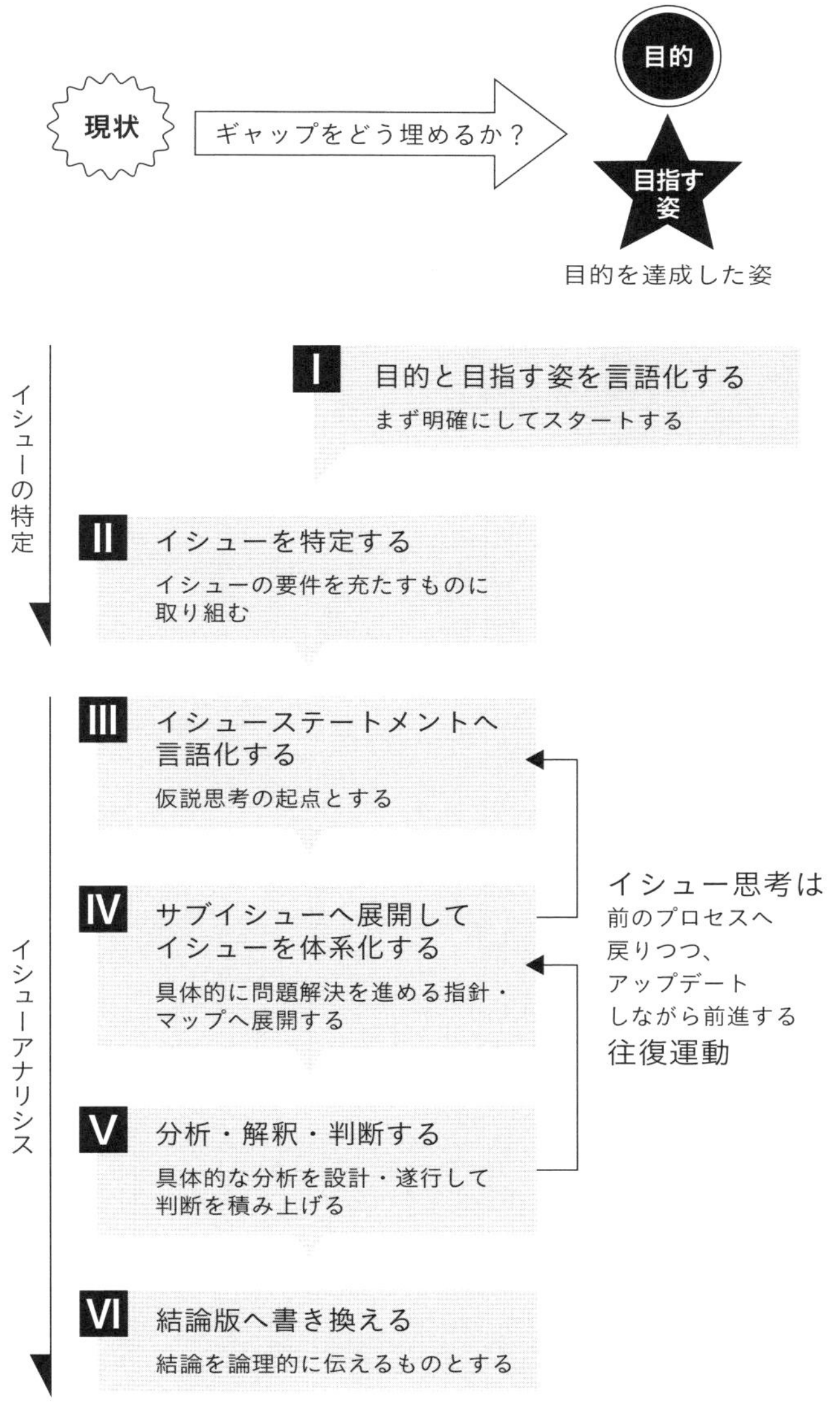
現状
ギャップをどう埋めるか？
目的
目指す姿
目的を達成した姿
イシューの特定
イシューアナリシス
I 目的と目指す姿を言語化する
まず明確にしてスタートする
II イシューを特定する
イシューの要件を充たすものに取り組む
III イシューステートメントへ言語化する
仮説思考の起点とする
IV サブイシューへ展開してイシューを体系化する
具体的に問題解決を進める指針・マップへ展開する
V 分析・解釈・判断する
具体的な分析を設計・遂行して判断を積み上げる
VI 結論版へ書き換える
結論を論理的に伝えるものとする
イシュー思考は
前のプロセスへ
戻りつつ、
アップデート
しながら前進する
往復運動

イシュー思考の推進エンジン「仮説思考」を高速回転させる

イシュー思考においては「仮説を設定して検証し、その仮説をアップデートしていく」という「仮説思考」が何よりも重要なベースとなっています。

ここであらためて「仮説思考」についてお伝えしておきます。

「仮説思考」は、まだ答えがわからない課題に対して、仮置きの案（仮説）を立てて、それを検証しては書き換えアップデートし続けていく思考法です。

仮説は叩き台と割り切って、間違いを恐れることなく、そう言い切って良いのかが気になって仕方なくなるほど具体的に言語化して書き記します。

そうすると、「本当か？」「検証したい！」「書き換えたい！」という自然な衝動に脳内活動が駆り立てられて、仮説の検証作業に勢いがつきます。

また、結論に至るまでは、**文末を疑問形で表現すると、思考する脳内に刻み込まれやすくなって、脳が活発に働く**ようになります。

言い切り調ではない宙ぶらりんな表現のほうが、脳に印象として刻み込まれやすく、自分の無意識下でも脳が勝手に思考するようになるのです。

仮説思考が問題解決の生産性を上げる有効な思考法である、とは、みなさん何度も耳にしていることでしょう。

とはいえ、十分に仮説思考を実践できていないことが少なくありません。

ここでは、仮説思考の要諦を３つ紹介します。

要諦1 仮説思考は〝間違い思考〟

「仮説」と表現されるのは、間違っているからです。間違っているものと割り切って、間違いを大前提として思考します。間違いを恐れることなく、具体的な内容を仮置きとして書き記し、これを叩き台として検証するのが「仮説思考」です。

要諦2 仮説思考の目的は、「生産性高く・効率よく問題解決を完遂する」こと

仮説思考の目的は、問題解決の生産性を上げることです。したがって、問題解決の生産性を上げないような「仮説思考」には全く価値がありません。

要諦3 仮説思考の成功は、「仮説の書き換えサイクルスピードの速さ」で測られる

問題解決の生産性を上げる「仮説思考」とは、仮説を検証して書き換えていく仮説更新のサイクルが高速で回転している状態です。

仮説が高速で書き換えられていかない状況とは、仮説思考が停止している状態か、結論に至って問題解決が完了した状態か、のいずれかです。

仮説は、仮説更新サイクルの速さが速いほど優れています。したがって、当初の仮説から、書き換え更新が全く進まない仮説は、「ダメ仮説」です。

それでは、どのような仮説が「良い仮説」なのでしょうか。

例えば、「どのようにして、レストランの集客を増やすか」という問題について具体的に考えてみましょう。

一つの仮説として「麻婆豆腐、ラーメン、餃子、唐揚げを看板メニューと定めて刷新するこ

とによって、集客を倍増できるのではないか？」と書き記します。

この仮説を読み返してみると、例えば、

「ニーズが高いとはいえ、競争が激しい麻婆豆腐、ラーメン、餃子、唐揚げで本当に集客できるのか？」
「この辺りの商圏で競争が少ない料理で勝負したほうが、勝ち目があるのではないか？」
「そもそもメニューのリニューアルだけでは、集客倍増は見込めないのではないか？」

といった疑問がどんどん湧き起こってきます。

すなわち、疑いたくなるほどに具体的な仮説は、「本当か？」「これで十分か？」といったさらなる疑問を次々と湧き起こし、検証しないではいられない衝動に駆り立てられ、その結果、仮説を更新していく仮説思考の勢いが増していきます。

これは、自ずと問題解決のプロセスがスタートして、勢いよく前進している状態です。

ここで、私が仮説を案出する際の指針としている思考原則について紹介しておきましょう。みなさんが仮説を案出する際にも、意識してみてください。

- 過去に起きてしまった出来事は与件として、未来をなんとかしようとする未来志向、過去に囚われないゼロベース思考
- 背後にあるメカニズム（再現性を担保する根拠）を見出す
  - 原理原則を理解して、これに基づく（抗わない）
  - ヒトはその本能的な欲求・性向にしたがうものと捉える
- 常に、（本当か？ 他にも可能性・選択肢があるのではないか？ これで十分か？ という）健全な懐疑心を持ち続ける
- 常に、優先順位、物事の軽重や順番を意識する
- 前進し続ける（仮説思考では、間違っても前進し続ければ正解）

ぜひ、このような思考原則もヒントとして仮説思考を使いこなしていってください。

それでは、次章よりイシュー思考の各プロセスについて詳しく解説していきましょう。

第2章

イシュー思考の「型」

目的と目指す姿を言語化する

本章では、イシュー思考の「型」となる「6つのプロセス」、

❶ 目的と目指す姿を言語化する
❷ イシューを特定する
❸ イシューステートメントへ言語化する
❹ サブイシューへ展開してイシューを体系化する
❺ 分析・解釈・判断する
❻ 結論版へ書き換える

について、それぞれ具体的に解説していきます。
まず、イシュー思考プロセスI「目的と目指す姿を言語化する」から始めます。

問題解決は、その字面の通り、何かの問題を解決する思考活動であり、実践活動です。

では、解決したい問題とは、いったい何でしょう。

ヒトは、何かが違う、何かが満たされていない、と感じた時、問題意識を持ちます。

この「何かが満たされていない」というのは、満たされるべき「目的」が満たされていない、すなわち、目的が満たされた状態と現状が違う、ということです。

例えば、「バスが主要な移動手段である中心街の交通渋滞は問題である」という問題意識は、「バスが定時運行される」ことが満たされるべき目的で、実際には、大幅に遅れて定時運行されていない状態が、目的が満たされた状態と現状が違っている、ということです。

図2-1　目的と目指す姿の言語化がスタートライン

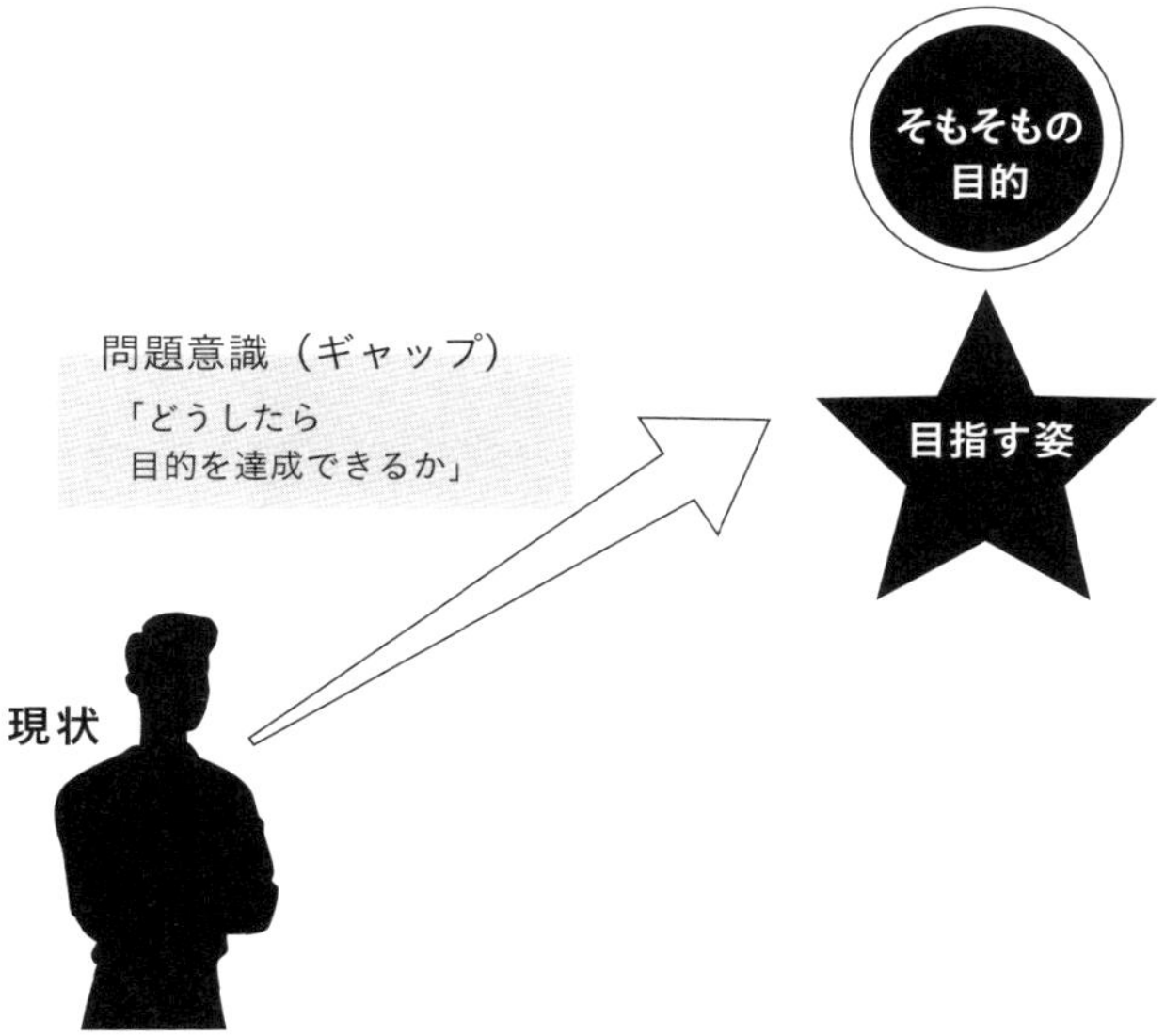

したがって、まず、**「目的」を言語化して明確にすることが、イシュー思考を始めるスタートライン**です。そして、**「目的」が満たされた状態が「目指す姿」**です。

「目指す姿」（状態A）に対して、現状（状態B）がそうなっていない、そのギャップが問題で、問題解決とは、いかにしてこのギャップを埋めて目指す姿（状態A）を実現するか、です。

問題を解決するためには、まず「目的」を明確にして、「目指す姿」（状態A）を具体的にイメージできるように定める、すなわち、この2つを言語化することがスタートラインです。

この言語化ができると、問題解決思考・実践活動の完了条件（＝目的が達成された状態A）が明確に定められます。

このように、文章にするとごく当たり前に感じられますが、実際には多くの場面で、そもそもの「目的」や「目指す姿」（状態A）が曖昧なまま問題解決作業をスタートしてしまっていることが少なくありません。

イシュー思考では、まず、「目指す姿」（状態A）を具体的にイメージして言語化しますが、その際に、達成される状態の度合い・程度を定性・定量的に具体的に言語化して初めて、「現状」（状態B）とのギャップ、すなわち、解決すべき問題となっている差分（状態A－状態B）が明確になります。

そして、この差分が埋められた時、問題解決が完了して目的達成に至ります。

具体的に考えてみましょう。

私たちの身の周りでは、「〇〇は問題だ！」「〇〇〇問題をなんとかしなくてはならない！」と、問題が数多く叫ばれています。

例えば、大きなところでは、地球環境問題、食料問題、エネルギー安全保障問題、地域紛争、少子高齢化問題、格差問題、といったものがあります。

もう少し身近な、仕事に関わることでは、働き方改革問題、仕事の生産性向上問題、売上向上・コスト削減問題、イノベーション問題などが挙げられます。さらに、プライベートなところでは、子育て、子どもの教育、親の介護、防災対策、老後の資金、などなど、さまざまな問題提起に溢れています。

これらは、確かに問題として認識されて、さまざまな場面で「問題だ！」と共有されてはいるものの、具体的に何が問題で、どのような状態に至ったら問題が解決されたことになるのか、はっきりとイメージしたうえで定義されているわけではありません。

その結果、「問題だ！」と言われている問題が解決された状態については、ヒトそれぞれに異なったイメージを描いているのではないでしょうか。

あるいは、なんとなく不安を感じているだけだったり、社会通念として「問題だ！」と言われているので「問題だ！」と叫んでいるだけかもしれません。

このような状況で、とりあえず問題解決に向けた検討をスタートしてしまうのは、ゴール地点の座標（目指す姿）が定まらないままに、長距離走のスタートを切ってしまうようなものです。

これでは、無駄な検討に多くの労力がかかるだけで、いくら頑張ってもゴールには至りません。なぜなら、そもそものゴールが定まっていないからです。

このように無駄に労力や時間を割き続けてしまうと、労力や時間の限界が来た時に、なんとなく今いる地点（問題解決作業の現在地点）の辺りに後づけでゴールを書いて（現在地点で達成されそうな姿を目指す姿に読み替えて）ゴールしたことにしてしまったりします。

これでは、本末転倒で、本来の目的は達成されません。

ではここで、私たちの身の回りでよく「問題だ！」と問題提起されている「エネルギー安全保障問題」について、「目的」と、目的を達成する「目指す姿」を考えてみましょう。

日本は、エネルギーの大半を海外からの輸入に依存しています。

今後、地政学的、世界経済的な理由から、必要なエネルギー量を、経済的に許容できる価格で輸入し続けられなくなるリスクは無視できません。

したがって、「エネルギー安全保障問題」は、「世界情勢の動向によって、必要なエネルギー量を確保できなくなるリスクを回避する」ことが目的で、この目的を達成する本質的な方法は、エネルギー自給率を上げることです。

最近の再生エネルギー技術の進展による太陽光、風力、地熱、マイクロ水力などの発電技術は、日本で自給できるエネルギー源として、エネルギー自給率の向上に大きく寄与できます。

それでは、世界情勢における最悪のシナリオにおいて、海外からのエネルギー輸入量が激減した場合、あるいは、エネルギー価格が高騰した場合でも、エネルギー自給率を何%まで上げておけば、日本の社会・産業活動に不具合が生じないエネルギー量を確保できるのでしょうか。

この具体的なエネルギー自給の必要量が明確にできた時、エネルギー安全保障問題解決に向けて「目指す姿」が明確になります。

そして、このエネルギー自給問題は、それぞれの年次における具体的なエネルギー自給の必要量に対して、現状のままを前提としたエネルギー自給量の将来見込みがどれほど不足しているのか、この不足量をいつまでに・どのようにして充足していくのか、と明確に定義されます。

また、もう少し身近な話題で、よく問題提起されている「働き方改革問題」について考えてみると、働き方が改革された結果として、目指す働き方の姿は具体的にどのようにイメージされるでしょうか？

長時間労働や過剰な残業がない働き方、多様なバックグラウンドを持つ誰もが受け容れられるダイバーシティ・アンド・インクルージョンな職場、心理的安全性が高い職場、働く個人やチームの生産性が高い環境など、「目指す姿」は、その企業やそれぞれの部署・職場によってさまざまでしょう。

ここでも、実際に働き方改革問題の解決に取り組む際には、しっかりと自分たちが「目的」とすること、その「目的」を充足する「目指す姿」の双方を具体的に描くことが重要です。それを関係者間で共有し、現状とのギャップを明確に共通認識できた時に、問題が具体的に定義されて、問題解決のスタートラインに立つことができます。

働き方改革の目的と目指す姿の一例として、「必要な人材が集まって定着し、人材と会社がともに成長する」ことを目的に、目指す姿を「生産性を3割上げて売上を1割増やし、2年後までに週休3日、残業時間半減、給与2割増となる」と設定すると、「目的」が明確になって、「目指す姿」と現状とのギャップが具体的にイメージできます。

そうすると、このアグレッシブな目指す姿をどのように実現するか？　と考え始められるようになります。

これが、問題解決のスタートラインに立てている状態です。

目指す姿を言語化していく際には、具体的に目指す姿のイメージが湧くように、さらに、期限つきで言語化します。

期限まで明記するのは、期限が来月なのか、来年なのか、数年後なのかによって、目指す姿が実現できるのか否か、また、どう解いていくのかという解き方のアプローチが違ってくるからです。

目指す姿を言語化する際に陥りやすい罠は、「業務改善する」「顧客満足度を上げる」といった漠然としたお題を書いて満足してしまうことです。

これでは、具体的に目指す姿のイメージが湧いてきません。

もっと具体的な表現とすべきです。

そのために便利な一つの型があります。

「○○○**までに**△△△**になる／する**」という型です。

「○○○までに」は具体的な期限を表し、「△△△になる／する」は目指す状態を表します。

実は、「△△△になる／する」を具体的な目指す姿として言語化できると、漠然としたお題からは見えにくかった「そもそもの目的」を明らかにしやすくなります。

「そもそもの目的」は、本当に達成したい「目的」です。この「そもそもの目的」を明確にしようと思考することによって、手段を目的化してしまうことを避けることができます。

手段を目的化してしまうと、問題解決を進めていく中で、本当に達成したい「そもそもの目的」が達成されたのかどうか、判断がつかなくなってしまうばかりか、目指す方向が本来の方向とはズレてしまって迷走することになりかねません。

したがって、「そもそもの目的」を明確に言語化して思考作業をスタートさせることは、とても大事です。

例えば、「そもそもの目的」が曖昧なまま部門横断的な特命プロジェクトが進んで、迷走してしまった時、メンバーから「そもそもこのプロジェクトって何のため？」「そもそもの目的って何？」といった問いかけが自然と湧いてきます。

それは、「そもそもの目的」が最も大事な拠り所となる判断基準であるとメンバーの全員が暗黙のうちに認識しているからです。

当初から、本当に達成したい「そもそもの目的」を言語化して共通認識できていれば、プロジェクトの迷走は避けることができます。

「そもそもの目的」が最も大事な拠り所となる判断基準なのです。

「生成ＡＩを活用した業務生産性向上の実現」を例として、まず、目指す姿の言語化から解説しましょう。

目指す姿の言語化表現の型（「〇〇〇までに△△△になる／する」）にあてはめてみます。

例えば「１年後までに業務生産性を向上する」とできます。１年後までに、と具体的な期限を設定したわけです。

一見、良いように見えますが、まだこれでは目指す姿が具体的にイメージできません。

業務生産性をどれだけ向上するのか？　現状よりも１％向上することなのか、30％なのか、50％なのか、この度合いによって問題解決のアプローチが全く異なります。

１％の向上であれば号令をかけるだけで目的達成できるでしょうが、50％となれば相当の業務改革が必要となるでしょう。

ここで、一歩引いて、「そもそもの目的」を考えてみましょう。

そもそも何のために、業務生産性を向上させるのか？　そして、「そもそもの目的」を達成するために、どれほどの業務生産性の向上が必要となるのか？　と考えます。

そうすると、業務生産性の向上は「そもそもの目的」を達成するための手段と理解できます。

業務生産性の向上を手段として、どのような「そもそもの目的」を達成したいのかを考えると、例えば、「営業利益率をＹＹ％へ向上する」「給与を２割アップして週休３日制とする」などが考えられます。

例示した「そもそもの目的」すべての達成を目指すのであれば、例えば、「業務の生産性をＸＸ％向上させて、２年後までに、営業利益率ＹＹ％、給与を２割アップして週休３日制とする」と目指す姿が言語化されます。

目指す姿の言語化は、まず「そもそもの目的」を確認し、その目的を達成するよう具体的な目標値、期限を含めて「型」（「○○○までに△△△になる／する」）にあてはめて表現しましょう。

ここまでが、イシュー思考プロセスⅠとなります。

イシューを特定する

次に、イシュー思考プロセスⅡ「イシューを特定する」の解説です。
言語化された目指す姿と、現状とのギャップを埋めていくのが問題解決です。
問題をどのような視点から解くのか、どの方向へ解くのか、という解き方のアプローチを明確にしてイシューを特定します。

前述したように、イシューであるか否かの判断基準は、①解き得る、そして、②解いた結果のインパクトが大きい、です。

したがって、特定されたイシューが、①解き得るのか、はどのような視点からどの方向へ解くのか、という解き方のアプローチによります。そして、②解いた結果のインパクトが大きいか、は目指す姿に対して現状との差分が十分に大きいか、によります。

具体的な解説がないとわかりにくいと思いますので、「明後日に運動会が予定されている中学校のケース」を例として、解き方のアプローチによって「イシューであるか否か」の判断が分かれることについて考えてみましょう。

この中学校の地域では、運動会の実施を予定している明後日、大型台風に襲われる予報が出ています。

ここでの目的は（当然ですが）「運動会を実施する」です。

目指す姿として2つのパターンが考えられます。

パターン1「台風が来襲しないようにして、予定通り運動会を実施する」

パターン2「台風が来襲したとしても、なんとかして運動会を実施する」

それでは、イシューであるか否かの判断基準に照らして考えましょう。

①解き得るか、そして、②解いた結果のインパクトが大きいか、です。

パターン1は、来襲予報が出ている台風を人間の力で来ないようにすることは不可能ですので、解き得ません。したがってイシューではありません。

一方、パターン2は、台風が来襲することを前提として、なんとか運動会を実施する選択肢は複数あり得ます。

例えば、規模を縮小して屋内で実施する、あるいは、日程を翌週へ延期する、などが考えられます。したがって、解き得ます。そして、運動会を実施することによる学生やクラス、さらに、保護者に対するインパクトは大きいでしょう。

したがって、パターン2はイシューです。


このパターン1とパターン2の違いは、どのような視点から、どの方向へ解くのか、という解き方のアプローチの違いです。

パターン1は「台風が来襲しないようにする」という視点から、台風を来ないようにさせるので、予定通りの規模と場所で運動会を実施するという方向で解いていくものです。

一方、パターン2は「台風の来襲は仕方ないので、台風来襲を所与の前提とする」という視点に立って、台風が来襲してもなんとか運動会を実施する方法を案出する方向で解いていくものです。

パターン1の例は、明らかに不可能なので、このような不可能な視点からイシューを設定することはないはずですが、日常のビジネスや政治行政、家庭のシーンでは往々にして起こっています。

このように、「台風来襲が予報されている中で、運動会をどうするか？」という状況においても、どの視点からどの方向へ解いていくのかの違いで、解き得るか否かが分かれます。**イシューを特定する際には、どのような視点からどの方向へ解いていくのか、解き方のアプローチが解き得るものとなるように意識して進めてください。**

ここで、このケースにおける「そもそもの目的」について一つ補足します。

始めに、目的を「運動会を実施する」こととしましたが、果たして「運動会を実施する」ことが、「そもそもの目的」でしょうか？

運動会を実施した結果、どんな状況に至りたいのでしょうか？

この運動会実施を経て至りたい状況が、「そもそもの目的」でしょう。

例えば、クラスの一体感や達成感を得られること、新しい人間関係が築けること、仲間の長所を発見すること、保護者の学校に対する理解が深まることなどが考えられます。

とすると、台風が来襲しても、運動会の規模の調整や日程変更など、やりようを工夫して、この「そもそもの目的」を達成できます。ここでも、「そもそもの目的」が、問題の解き方の設計や判断の拠り所となることがわかります。

続けて、イシューの要件をより具体的に確認していきましょう。

あらためて、イシューの要件は、「①解き得る」かつ、「②解いた結果のインパクトが大きい」でした。

繰り返しますが、この要件が意味するところは、イシューとは、時間と労力、資金を投入して取り組むべき価値がある問題である、ということです。

解けない問題にいくら取り組んでも徒労です。

そして、そのイシューが解けた成果として、貴重な時間と労力、資金を投入しただけの、あるいは、それ以上の効果・インパクトがリターンとして得られる、もしくは、少なくとも期待できるからこそ取り組む意味があるのです。

このようにイシューかどうかを見極めて、あなたの時間と労力、資金投入の判断をしていけば、間違いなく生産性が上がるでしょう。

それでは、次の5つの課題は、イシューでしょうか？

具体的に検証していきましょう。

課題1：地震を予知する

まず、①解き得るか？　地震を予知することは、現在の科学技術では、残念ながらできません。したがって、これはイシューではありません。

念のための確認として、②解いた結果のインパクトが大きいか？　については、仮に地震が予知できて、十分な避難や直前の被害軽減策を実施できれば、地震被害を大きく減らすことが可能となるでしょうから、この結果のインパクトはとても大きいです。

とはいえ、解けないこの課題は、イシューではありませんので、あなたは時間と労力、資金を投入して取り組むことを避けましょう。

ただし、誤解を避けるために補足すると、地震予知は、現代の科学技術をさらにその先へと進める、学術的にとても重要なテーマです。したがって、研究者の方々にとっては取り組むべきテーマです。

課題2：地震被害を軽減する

まず、①解き得るか？　地震が発生した後の被害を軽減することは可能です。厳密に言うと、判断基準となる「目標とする軽減のレベル・程度」（例えば、死傷者○○○人以内、ライフラインが14日以内に復旧するなど）まで明示しないと、「目標とする軽減のレベルを実現するよう解き得るか？」について判断はつきません。

とはいえ、ここでは、目標とする軽減のレベル・程度の設定次第で可能となることから、解き得ると判断しましょう。

次に、②解いた結果のインパクトが大きいか？　地震被害が少なからず軽減された時、その結果のインパクトはとても大きいと期待されます。

実はこの判断も、「目標とする軽減のレベル・程度」が明示されていないので、厳密には解いた結果のインパクトが大きいとは言い切れません。

しかし、一般論として、死傷者数が大きく抑制された、あるいは、ライフライン復旧までの期間が短くなったなど、誰の目にも明らかなレベルまで被害が軽減されたならば、その結果のインパクトは大きいと言えます。

したがって、①解き得る、かつ、②解いた結果のインパクトが大きい、のでこの課題はイシューと判断されます。

課題3：「社員食堂の食事が不味い」を改善する

まず、①解き得るか？　社員食堂で提供される食事を美味しく改善することはもちろん可能です。厨房の責任者・料理人へ改善を促す、改善のインセンティブ・評価を明確化する、食材のコストアップを容認する、責任者や料理人を交代させるなど、さまざまな改善策が具体的にイメージできます。

次に、②解いた結果のインパクトが大きいか？　これは、当事者の立場と背景によって判断が分かれます。

まず、この社員食堂の運営を受託している食堂受託企業が当事者である場合、この課題を解かないまま放置した場合と、解いて改善した場合の差は、契約解除か継続か、という大きな差につながるでしょう。

したがって、食堂受託企業にとって、この課題はイシューと判断されます。

他方、この社員食堂を利用する社員を雇用している企業が当事者であれば、その判断は分かれます。

この企業が置かれている背景として、社員食堂の食事の優劣が、この地域における有能従業員を獲得できる人数に強く影響を及ぼすような状況であれば、この社員食堂の食事を美味しく改善した結果のインパクトは大きいと期待できます。

実際に、周辺に食事の施設が乏しい工場などでは、働き先を選択する理由として、賃金以外の条件では、社員食堂の美味しさが大事な項目になっています。

したがって、この企業にとって、この課題はイシューと判断されます。

一方、この企業が置かれている背景が、近辺に多種多様な食堂が存在する、都心部のビルにあるオフィスで、社員食堂の利用率が低い状況であれば、この食堂の食事の美味しさ改善のインパクトはあまり期待できないでしょう。

このような背景であれば、この企業にとって、この課題はイシューではありません。

したがって、食堂受託企業が当事者の場合、あるいは、企業が有能な従業員を確保するために、食堂で美味しい食事を提供することが重要となる場合には、①解き得る、かつ、②解いた結果のインパクトが大きい、のでこの課題はイシューと判断されます。

課題4：社会保障制度を見直して継続維持できるものにする

まず、①解き得るか？　社会保障制度は、制度として変更可能ですので、解き得ます。決して簡単なことではなく、積年の難題ではありますが、解けないものではありません。

次に、②解いた結果のインパクトが大きいか？　社会経済における雇用、生産活動、国民の健康、生活の安定、さらに治安維持などのためには、社会保障制度の継続が不可欠です。将来のある時点において社会保障制度が破綻して継続できなくなってしまう未来を避けることができれば、そのインパクトは絶大です。

したがって、①解き得る、かつ、②解いた結果のインパクトが大きい、のでこの課題はイシューと判断されます。

課題5：税金の無駄遣いを是正する

まず、①解き得るか？　税金の使途・配分を計画・執行しているのは、政治と行政ですので、もちろん解き得ます。

次に、②解いた結果のインパクトが大きいか？　赤字国債を発行し続けている国家予算の状況では、税金の無駄遣いを是正するのはとても大事なことです。

とはいえ、解いた結果のインパクトが大きいか、についてはもう少し精査が必要です。

この「税金の無駄遣いを是正する」という表現はとても曖昧で、税金の無駄遣いをどの程度削減するのか、判断がつきません。

すなわち、数兆円の規模で税金の無駄遣いを是正するのか、あるいは、国全体で数百万円程度の無駄遣いを是正するのか、解いた結果について明確なイメージがありません。

「税金の無駄遣いを是正する」程度が数兆円規模であれば、解いた結果のインパクトは当然大きいと判断されますが、数百万円程度では、国家予算におけるインパクトは皆無です。

したがって、税金の無駄遣いを削減する金額の規模によって、この課題はイシューか否か、判断が分かれます。

それでは、どの程度の金額であれば、解いた結果のインパクトが大きいと判断されるのか、もう一歩進めて考えてみましょう。

税金の無駄遣いを削減した結果が何なのか？　を考えます。

無駄遣いを削減して、どれほど減税するのか？

あるいは、無駄遣いを削減して、新産業育成へ資金投入し、10年後に数十兆円規模の新産業を創るのか？

赤字国債の発行を止めるのか？

この他にも、多岐にわたる結果が考えられます。

これらの結果は、とりもなおさず、税金の無駄遣い削減を手段として捻出された資金を、何に投じて、どんな未来を実現させるのか、という「そもそもの目的」に他なりません。

この「そもそもの目的」が達成された時のインパクトが十分に大きいと判断されれば、税金の無駄遣い削減によって必要資金額を捻出するインパクトも大きいと判断されます。

すなわち、この「税金の無駄遣いを是正する」については、まず、①解き得ます。そして、②解いた結果として「そもそもの目的」が達成された時のインパクトが大きいならば、この課題はイシューと判断されます。

余談ですが、課題4、課題5のように、難題として長年解かれずに放置されたまま先送りしている課題も、いつかは放置し続けることができなくなる時が来るでしょう。とても厳しいところまで追い込まれれば、本気で解決していかざるを得なくなりますが、追い込まれてから解くのでは、時間の制約、取り得る手段の制約も厳しくなって、より解きにくくなりがちです。

このような積年の超難題こそ、表面的な対症療法の上塗りで問題を先送りするのではなく、イシュー思考を進めて解いていくべき対象ではないでしょうか。

5つの課題例それぞれについて、具体的にイシューなのかどうか、「①解き得る」かつ、「②解いた結果のインパクトが大きい」、この2つの判断基準に照らすと、シンプルに峻別されることを実感されたと思います。
5つの課題のうち、4つの課題がイシューと判断されました。

ただし、イシューと判断した4つの課題の表現自体は、イシューを表現する「優れたステートメント」とはなっていません。

「優れたイシューステートメント」とは、イシュー思考における仮説思考を始動させるような、本当か？　検証したい！　書き換えたい！　という気持ちが湧いてくる具体的な表現で書かれた一文です。「優れたイシューステートメント」は、仮説の書き換えアップデートサイクルを高速化して、イシュー思考の生産性を高めます。

「優れたイシューステートメント」にしていくための準備段階として、イシューと判断された4つの課題について、まず、目的の言語化をしておきましょう。その次の作業となる「優れたイシューステートメント」への言語化については次節で解説します。

課題2～5の課題表現を疑問形へ書き直して、イシュー2～5へと読み替えます。

そして、想定されている目的の一例を考えてみましょう。

課題2：地震被害を軽減する

イシュー2：どのようにして地震被害を軽減するか

想定される目的：首都圏にて想定される大地震から生活者の命を守り、身体損傷を最小化する。さらに、早期に衛生的な環境にして健康的で安全な暮らしを回復する

課題3：「社員食堂の食事が不味い」を改善する

イシュー3：どのようにして社員食堂の食事を美味しくするか

想定される目的：（当事者が食堂運営受託会社である場合）来年度も食堂のオペレーション受託契約を継続する

（当事者が工場である場合）当地域で獲得競争となっている有能な工員を必要な人員数まで採用して定着させる

課題4：社会保障制度を見直して継続維持できるものにする

イシュー4：どのようにして社会保障制度を継続維持できるものとするか

想定される目的：将来も社会保障制度が維持継続され、雇用、生産活動、国民の健康、生活の安定、さらに治安維持が継続される

課題5：税金の無駄遣いを是正する
イシュー5：どのようにして税金の無駄遣いを是正するか
想定される目的：税金の無駄遣いを是正して得られる相当額の予算を集中投資して、将来、重要となる産業分野を育成する

一例として、このような想定される目的をイメージできると、優れたイシューステートメントへ言語化していくスタートラインに至ります。

それでは、次節にて、どのように優れたイシューステートメントへ言語化していくのか、解説していきましょう。

イシューステートメントへ言語化する

ここからは、イシュー思考プロセスⅢ「イシューステートメントへ言語化する」についてお伝えします。

イシューを簡潔な一文、イシューステートメントへ言語化します。

イシュー思考では、仮説思考を駆使して、このイシューステートメントを何度も書き換えアップデートしていくので、最初のイシューステートメントは、間違っても全く問題のない叩き台（仮説）と割り切りましょう。

「正しい」ことより「具体的」なイメージが湧いて、本当か？　検証したい！　書き換えたい！　という気持ちが自然と湧いてくる表現で書かれていることを重視します。

このような一文が、仮説思考を高速回転させていくイシュー思考を始動する、優れたイシューステートメントです。

そのためのポイントを次に記します。

☑ 叩き台（仮説）と割り切って、曖昧語を避けて可能な限り具体的に表現し、できる限り、期限・タイムラインも記す

☑ 具体的に問題解決を進めていく解き方のアプローチのイメージが湧いてくる表現、具体的に記された内容について間違いを指摘したくなる、「本当か？」と検証したくなる表現にする

☑ 検証が終わって結論が確定するまでは、文末を疑問形とする

これらを充たす、具体的に問いかける一文ができると、脳が刺激されて、次々と疑問が湧き起こり、検証しないではいられない衝動に駆られ、仮説をどんどん更新していく仮説思考が起動します。

つまり、優れたイシューステートメントへの言語化は、仮説思考を高速回転させて、生産性高く問題解決を進めていくための大事な拍車なのです。

例えば、次のような例が、優れたイシューステートメントです。

「どのように生成AIを活用すれば、顧客の利便性を上げつつ、3年以内にコールセンターへの問い合わせを半減させて、オペレーターの報酬を5割アップし、同時に収益性を1割向上させることができるか？」

「市場に出回った不良品事案について、いかにして半年以内に顧客からの信頼を取り戻し、1年以内に当社全体の売上を以前のレベルまで回復するか？」

このような具体的なステートメントは、さまざまな調査・分析を積み重ねて、議論を経た後でないと書けないと思い込んではいないでしょうか？

しかしながら、その順序では、どんな調査・分析から始めるべきかがはっきりせず、「とりあえず、アンケート調査でもやってみよう」といった、行き当たりばったりの無駄な作業に時間と労力をかけることになり、大変非効率です。

ここは、**逆転の発想で、まず、間違っていても構わないから具体的なステートメントを書き下してしまって、その後でそれを検証するための調査・分析を組み立てていく**のです。

これが「イシュー思考」の出発点です。

それでは、前節のイシュー2をイシューステートメントへ言語化してみましょう。

優れたイシューステートメントとは、そのステートメントによって具体的な問題解決思考がスタートできるものであり、取り組みの視点・手法・段取りなどについても具体的な方向がイメージされる表現となっているものです。

「どのようにして地震被害を軽減するか」というイシューを、叩き台と割り切って、優れたイシューステートメントへ言語化した一例が、

「10年後までに、重要施設、居住区域を安全地盤・安全標高の区域に限るよう移設・移住することによって、地震発災後の死傷者を◯◯◯人未満、ライフラインの復旧期間を△△日以内にできるのではないか?」

です。

ここまで思い切って具体的に書き込むと、問題解決を進めていく具体的な切り口のイメージ

が伝わってきます。

そして、「移設と移住だけで十分なのか？」「そもそも安全地盤・安全標高の区域にすべての重要施設・居住区域を収容できるのか？」「移設・移住のための費用はどう捻出するのか？」「10年以内に大地震が発生した場合は考えなくて良いのか？」といったツッコミどころ＝疑問がどんどん湧き起こってきます。


このような疑問が湧き起こってくるほど、仮説思考の回転スピードがアップし、その結果、実現可能な解決策が効率よく組み上がっていきます。

イシューステートメントの前提となっている仮説（この例では、「移設・移住という方法によって地震被害が軽減できる」など）が間違っていても全く問題ありません。仮説思考を前進させて書き換えアップデートを重ねていけば、必ず現実的な解にたどり着きます。

ここで、試しに、このイシューステートメントの文末表現を疑問形でなく言い切り形に変えたらどうなるか見てみましょう。

「10年後までに、重要施設、居住区域を安全地盤・安全標高の区域に限るよう移設・移住することによって、地震発災後の死傷者を○○○人未満、ライフラインの復旧期間を△△日以内にする」

この二文を比較して、文末表現の違いが、読み手の脳に与える印象の違いを感じられたでしょうか？

言い切り形の「～にする」に比べ、「～にできるのではないか？」という疑問形は、脳により強く訴えかけ、検証したい気持ちを喚起する効果があります。

ですから、問題解決着手の初期や検討途上の場面に、よりフィットすると言えるのです。

前節イシュー3～5についても、疑問が沸々と湧いてくる優れたイシューステートメントへ言語化した一例を挙げておきます。

イシュー3

（食堂受託企業として）直ちに美味しさ点検を実施し、料理長の交代および、レシピ・材料の見直しを実施して3ヶ月以内に味の改善を委託先に認めてもらえれば、受託契約の継

続が十分に可能となるのではないか？
（食堂の委託元企業の工場として）食堂の委託先を３ヶ月以内に変更して、食堂の美味しさを競合企業の工場以上に改善し、有能技能者の採用に有利な状況とすることが可能ではないか？

イシュー4

健康寿命を5～10年伸ばし、65歳以上の高齢者の労働参加率を倍増させ、さらに、年金制度、健康保険制度の改革を進めることによって、今後も社会保障制度を維持継続するとともに、安心で安定した社会・経済を維持できるのではないか？

イシュー5

現在の施策予算の内容において、本来の目的が達成できていない中途半端な予算支出をやめて数兆円規模の税金の無駄遣いを削減し、それを財源とすることによって、先進技術開発や素材開発による新産業育成を重点投資領域として、再来年度より（教育、研究開発、産業育成にわたる施策に対して）毎年数兆円規模の投資ができるのではないか？

イシュー思考プロセスⅣ

サブイシューへ展開して イシューを体系化する

優れたイシューステートメントへ言語化されても、そのままでは具体的な問題解決はなかなか進みません。イシューが大きすぎて、複数の要因が絡み合っているためです。問題解決のために、必要となる具体的な分析作業がイメージできるレベルまで分解していく必要があります。

そこで、この**イシューステートメントを解き切っていくために、イシューをサブイシューへ分解して、具体的に問題解決が進められるよう、ツリー構造のように体系化**します。これが、イシュー思考プロセスⅣです。

サブイシューのレベルにおいても、まだ具体化が十分でない場合には、そのサブイシューをさらに分解して、下位のサブイシュー（＝サブサブイシュー）へ落とし込んで具体化します。

このサブイシュー、サブサブイシューまで展開していく分解作業において重要なポイントが、目的がしっかりと達成される「目的達成の十分条件」を充たすように展開していくことです。

この分解作業によって具体的な分析のイメージが明らかになっても、作業の途中で大事な項目が漏れてしまっては、目的を達成できなくなり、問題解決を完遂できません。

ここで、「目的達成の十分条件」についても、具体的に考えてみましょう。

例えば、ある企業の業務改善チームが、ある業務について、新しい生成ＡＩツールを活用すると業務の生産性が３割向上できる、と分析したとします。

この分析に基づいて、「生成ＡＩツールを活用して当該業務の生産性を１年後までに３割向

図2-2　イシューをサブイシュー、サブサブイシューに展開していく分解作業

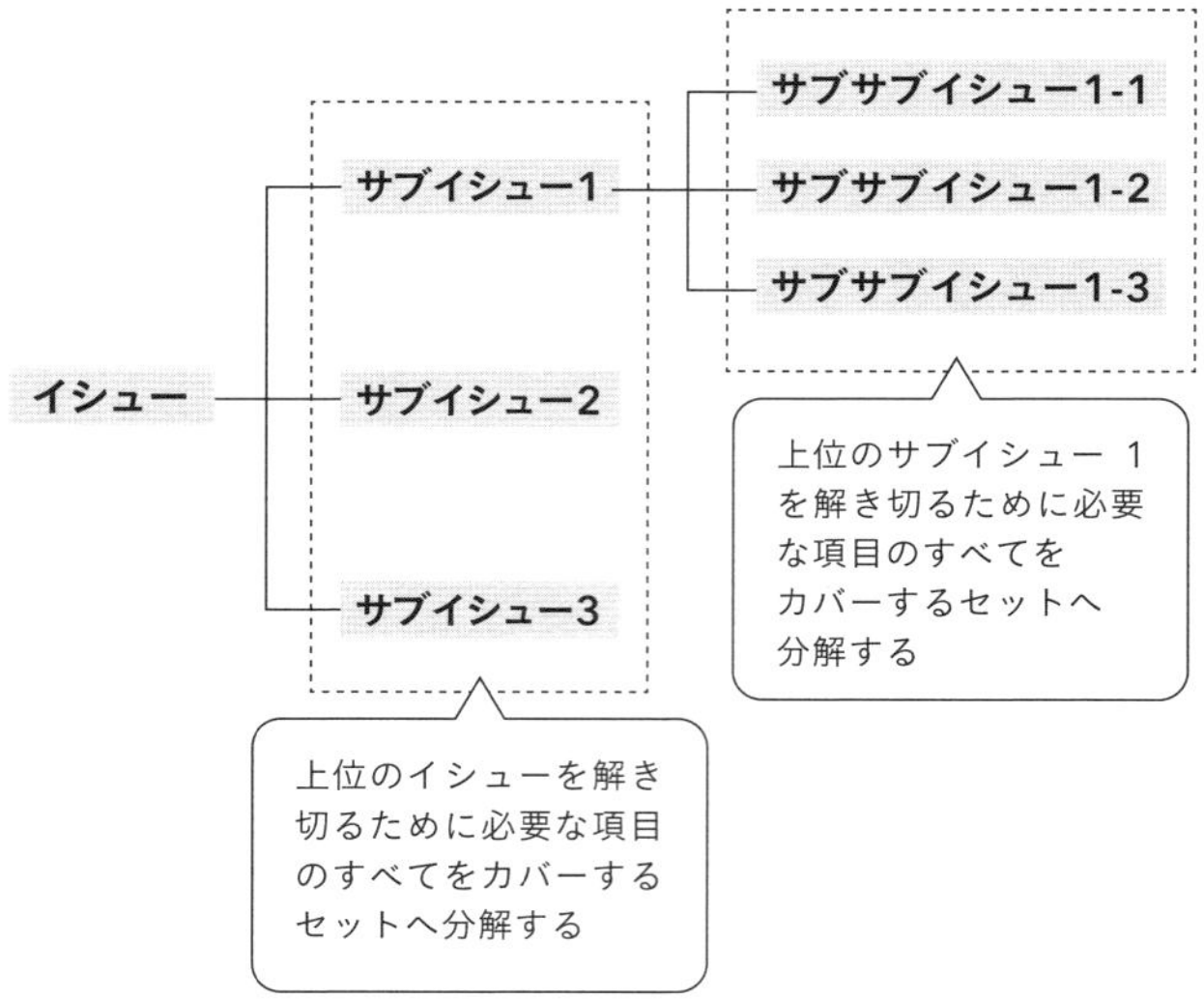

上させる」という目的を設定したとしましょう。

しかし、この業務改善チームの分析のみでは、「目的達成の十分条件」を充足するには至っていません。

この分析はサンプル分析の結果で、当該業務のすべてを網羅できていないのではないか、といった問題や当該業務に関わる従業員のスキルミスマッチ問題、さらに、従業員に求められる担当異動、移行期間におけるさまざまな障害などをどう乗り越えるのか、これらの点についても問題解決されなければ、目的達成には至りません。

将来事業の可能性や改善の機会などに関する初期の提案段階では、このような実行面での問題解決についてまでは十分に含まれていない、すなわち、「目的達成の十分条件」を充足するまでの問題解決には至っていないことはよくあります。

「目的達成の十分条件」の充足を確認できないままに頑張って、目指す姿にまで至らなければ、投じた貴重な時間や労力、資金が無駄になってしまいます。

「イシュー思考」は、こうした目的達成の十分条件を漏れなく充足するための問題解決思考を展開するうえで、とても有用な思考法なのです。

前述の例についても、目的達成の十分条件を充足することを意識しながら「イシュー思考」を進めると、目的達成に至るために「今後詰めていくべき積み残し課題」が明示されることになります。

この「今後詰めていくべき積み残し課題」を見逃してしまうと、結局、目指す姿の実現には至らず、目的は達成されないので、サブイシュー展開していく際には、「これらのサブイシューのセットを解けば、十分に目指す姿を実現できるか、何か見逃していないか？」と確認しながらサブイシューへの分解をします。

図2-3　イシューの体系図　典型的なパターン2

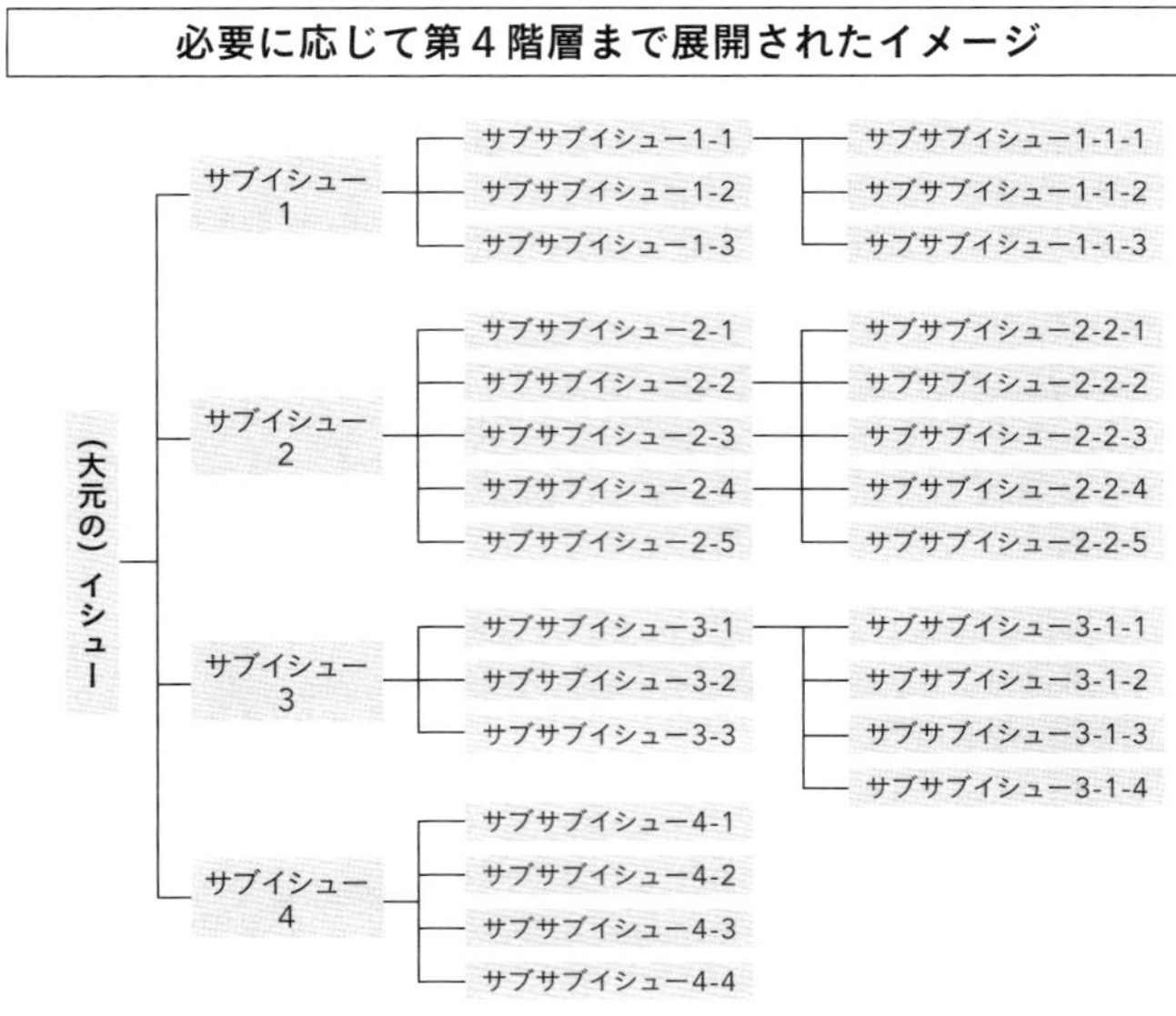

この確認には、多くの経験に基づく経験スキルが求められますので、自分一人で考えるだけでなく、経験者の知恵を借りましょう。

イシューを体系化して表したイシューの体系図は、ツリー構造のように表現されて、上位のイシューを説明する説明型（証明型）の構造、すなわち、結論説明型の論理構造です。

まずは、イシューを検証（証明あるいは反証）する十分条件となるサブイシューのセットへ展開し、同様に各サブイシューをサブサブイシューのセットに展開したら、それぞれのサブサブイシューについて具体的な、分析・解釈・判断作業を進めていきます。

そして、すべての分析・解釈・判断作業が完了した時には、書き換えアップデートされた

図2-4　ピラミッドストラクチャー

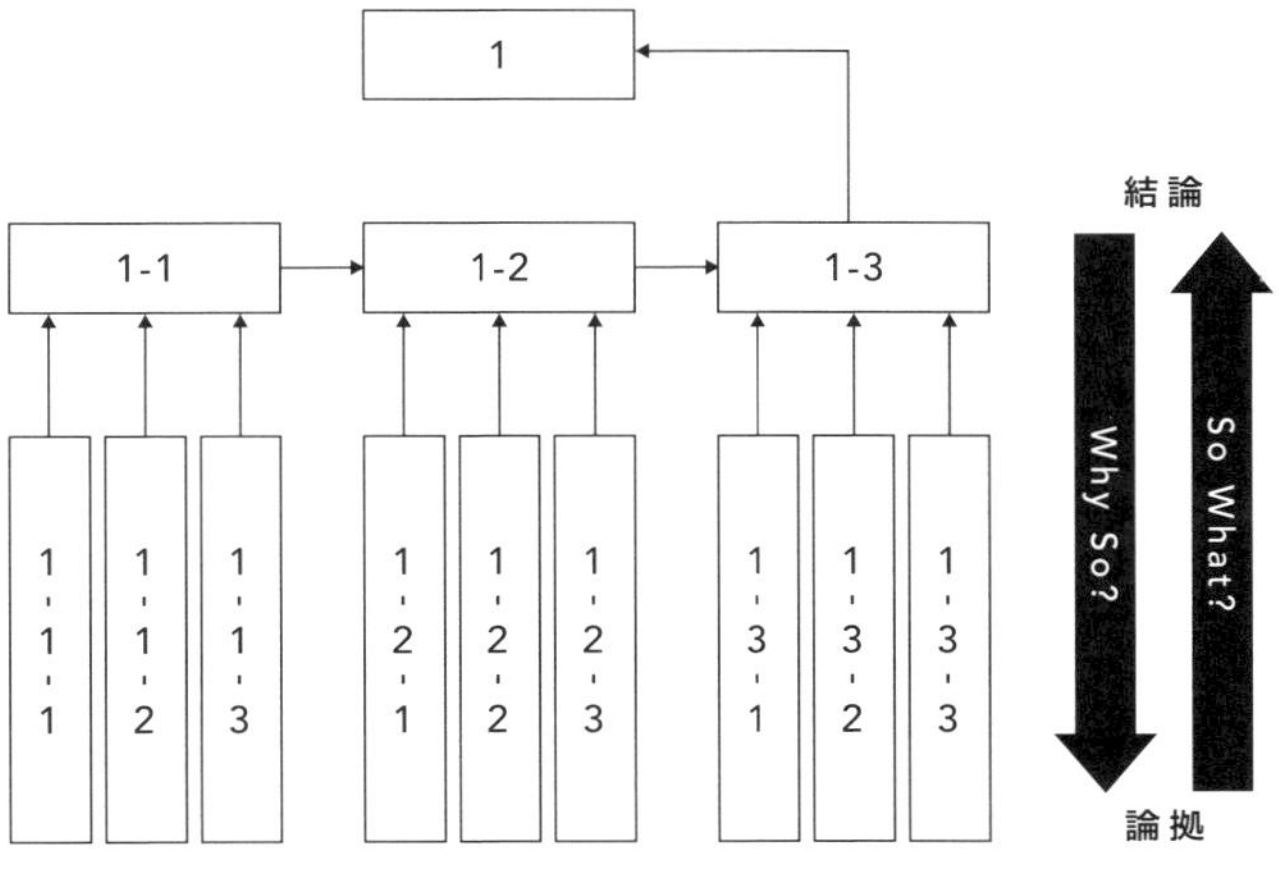

■ 縦と横の二次元構成。縦は上が結論で、下が論拠。
横は結論を導く論理づけの関係。

イシューの体系が、そのまま結論を説明するピラミッドストラクチャーとなります。

ピラミッドストラクチャーとは、結論を説明するために組み立てられるシンプルな論理構造です（ピラミッドストラクチャーの概要については前ページの図表を参照してください。より詳しい解説は、拙著『なるほどイシューからの使えるロジカルシンキング』（かんき出版）に譲ります）。

サブイシュー、サブサブイシューへの展開（＝イシューの体系化）は、イシュー思考のキモ中のキモです。さまざまな仮説を案出するスキルや経験が必要になるため、慣れるまでは難しく感じられるでしょう。

一気にはうまくできなくとも、何度もトライし、経験を重ねて体得していってください。うまくサブイシューへ展開（＝イシューの体系化）していくコツは、次の5つです。

①単なるMECE（相互に被りなく、全体として漏れもなく）ではなく、必要条件の羅列でもなく、上位のイシューを解き切る十分条件のセットとなるよう展開する

サブイシューへ展開した結果として表現されるツリー構造のイシューの体系は、結論説明型の論理構造（サブイシューのそれぞれが解かれて答えが明らかになれば、その上位のイシューが解かれて答えが明

らかになる組み立て）であり、ＭＥＣＥ分解、ロジックツリー（フレームワークやＭＥＣＥにしたがった要因分解）とは全くの別物です。

ツリー構造の第１階層であるイシューステートメントを、第２階層へ展開された複数のサブイシューがセットとして、論理的に説明する十分条件となるように展開します。

このように展開していくスキルの習得には、経験と研鑽が求められます。

まずは、ある上位のイシューに対して展開された複数のサブイシューのセットを俯瞰して、「このサブイシューのセットで上位のイシューを十分に結論づけられる（論理的な漏れがなく説明できる）か？」と、納得がいくまで問い続けることから始めましょう。

②各サブイシューは解ける切り口とする。解けないと判明したら、解けるサブイシューの切り口のセットへ組み替える

結論説明型の論理構造となるように、イシューをサブイシューへ展開していった時に、しばしば、あるサブイシューが解けない切り口となってしまうことがあります。

解けない切り口となってしまう例は、

☑ 必要なデータ・情報が入手できない、存在しない

☑ 意味ある結果を得るための分析手法がない、使えない

- 分析手法がない……そもそも手法がない、既存手法の適用条件外になる
- 分析手法が使えない……時間・日数、手間、費用がかかりすぎて採用できない、間に合わない

☑ データ・情報を分析した結果が、何も意味ある解釈・結果に至らない

です。

このように解けない切り口となっていると判明したら、直ちに解けるサブイシューのセットへ丸ごと組み替えて、上位のイシューを別の切り口から説明できるように修正します。

③イシューを解くために必要となる要因であっても、サブイシューとして問題解決・検証する必要がない要因は、サブイシューとしない

サブイシューへの展開は、上位のイシューステートメントを十分に説明できるセットへ展開

しますが、すでに、検証する必要もなく明確になっていることは、あえてサブイシューとして挙げる必要はありません。

例えば、ＡＩロボットを活用して生産性を３割アップする業務改革をイシューとした時、「電力が活用できるか？」は、サブイシューとすべきでしょうか？

もちろん、ＡＩロボットが稼働するために電力が必要ですが、平時において電力は安定的に供給されていて何ら問題ないので、サブイシューとして挙げる必要はありません。

あるいは、ＡＩロボットを業務改善に活用するためにＰＣを１台増やす必要がある、といった場合には、サブイシューに挙げる必要はありませんが、新規のシステムソフトを導入することとなってＰＣを３００台入れ替える必要があるとなれば、費用も大きく、入れ替え作業も大変になるので、サブイシューとして挙げる必要が出てくるでしょう。

同じように、ある施策実行のために相当の資金が必要となった場合でも、すでに、相当以上の手元資金があって、この資金を投じることができるのであれば、資金問題はサブイシューとはなりません。

④一つの上位イシューに対するサブイシュー展開は3〜7個以内に収まるよう展開する

これは、人間の認知特性、論理構造のわかりやすさの観点から導き出された経験則です。3〜5個までの分解にとどめると、イシューの体系を俯瞰的に理解しやすく、同時に、分解されたサブイシューが上位のイシューを論理的に十分説明できているのかどうか、考えやすいと感じられますが、8個以上となるとわかりにくく感じられてしまいます。**サブイシューへの展開は、理想的には3〜5個、多くても7個以内**としてください。

あるイシューに対して、8個以上のサブイシューへ展開したくなった時には、それらのサブイシューを俯瞰して、そのうちのいくつかをグルーピングし、その階層のサブイシューを7個以内へ収めます。

そして、グルーピングしたサブイシューは、その下のサブサブイシューの階層であらためて展開します。

出来上がったツリー構造のイシューの体系は、理想の定型としては第2階層、第3階層までは3〜5個のサブイシュー、サブサブイシューで構成されます。その下の第4階層は、第3階層サブサブイシューの全部からではなく、一部の第3階層サブサブイシューの下にぶら下がる形です。

この時、第4階層は3〜7個程度までと、やや多めのサブサブイシューで構成されても問題ありません。

⑤最後に、サブイシューおよびサブサブイシューのすべてが解ければ、イシューが解ける十分条件となっているか、確認する

組み立てられたイシューの体系が、最上位の第1階層イシューを十分に説明できる論理構造となっているのか、すなわち、最下層（第3・第4階層）のサブサブイシューの解答が揃うと、その上位層にある第2・第3階層のサブイシューの解答が得られるか、そして、第2階層のサブイシューの解答が揃うと、第1階層のイシューの解答が得られる論理的に漏れなく十分な体系となっているか、最終チェックします。

この時、常に「本当にこれで十分か？」「論理的に漏れはないか？」「すべてのサブイシュー

の切り口は解き得るか?」をあらためて確認します。

ここで同時に、経験者やチームメンバーなどにイシューの体系を共有して確認してもらい、意見を聞くことがとても有効です。

そこで不十分な点が発見されたならば、それは歓迎すべきことです。不十分な点をカバーできるようにイシューの体系を書き換えアップデートすれば、イシュー思考の生産性をさらに上げることができるからです。

ここで、イシューの体系化とロジックツリー分解の区別について再確認しておきましょう。

イシューの体系は、最上位のイシューステートメントを結論とする結論説明型の体系です。言い換えると、最上位のイシューステートメントを解いていくための十分条件の体系化です。

したがって、こうやって問題解決していく、という仮説に裏打ちされています。

一方、ロジックツリーは、単純なMECE分解、あるいは、フレームワークの項目分解です。

したがって、ロジックツリーは、仮説がないまま機械的に項目分解したものにすぎず、問題解決思考としては、あまり生産性が高くありません。

私は、ロジックツリーを「仮説なきMECE分解」と捉えて、どうにも仮説が立てられない初期の状況に限って泣く泣く進める作業と位置づけています。

ロジックツリーの分解は、とても機械的でどんどん進められますが、そのままでは、分析も解釈も深まりません。

やむを得ず進めたロジックツリーを俯瞰して必死で仮説を立てたら、できる限り早くイシュー思考（イシューの体系化）へモードチェンジします。

一方、言わずもがなですが、サブサブイシューへ展開された1項目の分析作業においては、MECEやフレームワークはとても有効なツールとして機能します。

また、イシューの展開をする際には、「イシューの体系は仮説であって、常に書き換えアップデートされていくもの」という認識が大事です。

サブイシューの検証が進むごとに、イシューの体系の全体を見直し、書き換えアップデートしていきます。これは、仮説を高速で書き換えていく仮説思考そのものです。

一つのサブイシューが検証されると仮説の精度がアップするので、自ずとイシューの体系における関連部分を書き換えたくなります。ですから、イシュー展開をする際には、最初から正・

解を書こうと身構えず、間違っても良いから書き下して前進することが肝心です。

第4章、第5章にて、このサブイシューへ展開してイシューを体系化していく思考について、より具体的に詳しく解説します。

イシュー思考プロセス Ⅴ

分析・解釈・判断する

展開されたそれぞれのサブイシュー、サブサブイシューについて、具体的に分析・解釈・判断を進めていきます。これがイシュー思考プロセスⅤです。

分析・解釈・判断とは、例えば「将来のための投資をいくらまで許容できるか」というサブイシューについて「1500万円の利益が期待できる」と分析されて、この分析結果に基づいて、「現実的には1000万円の利益は堅い」と解釈し、それでは「将来投資はその半額の500万円までとする」といった判断に至る、一連の思考作業です。

このとき、どのように解釈するか十分に吟味します。同じ分析結果についても解釈は複数あり得るため、解釈の仕方が判断の内容を大きく左右するからです。

例えば、タンクにどれだけ水が入っているか分析した結果が「半分」だったとして、「それなら十分に水は足りる」と解釈するのか「全く水が足りない」と解釈するかによって、判断は

「このまま何もしなくていい」なのか「緊急に水の補充が必要」なのか分かれます。

分析・検証は、最下層のサブサブイシューから手をつけていきます。

サブサブイシューとして書かれた項目が、そのままやるべき分析タスクのリストです。

つまり、**イシューの体系図は、サブサブイシューの項目のすべてについて分析・解釈・判断を完了すると、大元のイシューステートメントを解いて証明できる論理構造**となっています。

サブサブイシューの項目（=分析タスクのリスト）について、誰が担当するのか、どの順番で進めていつまでに完了するか、を決めて分析計画へ書き出します。

図2-5　分析・解釈・判断

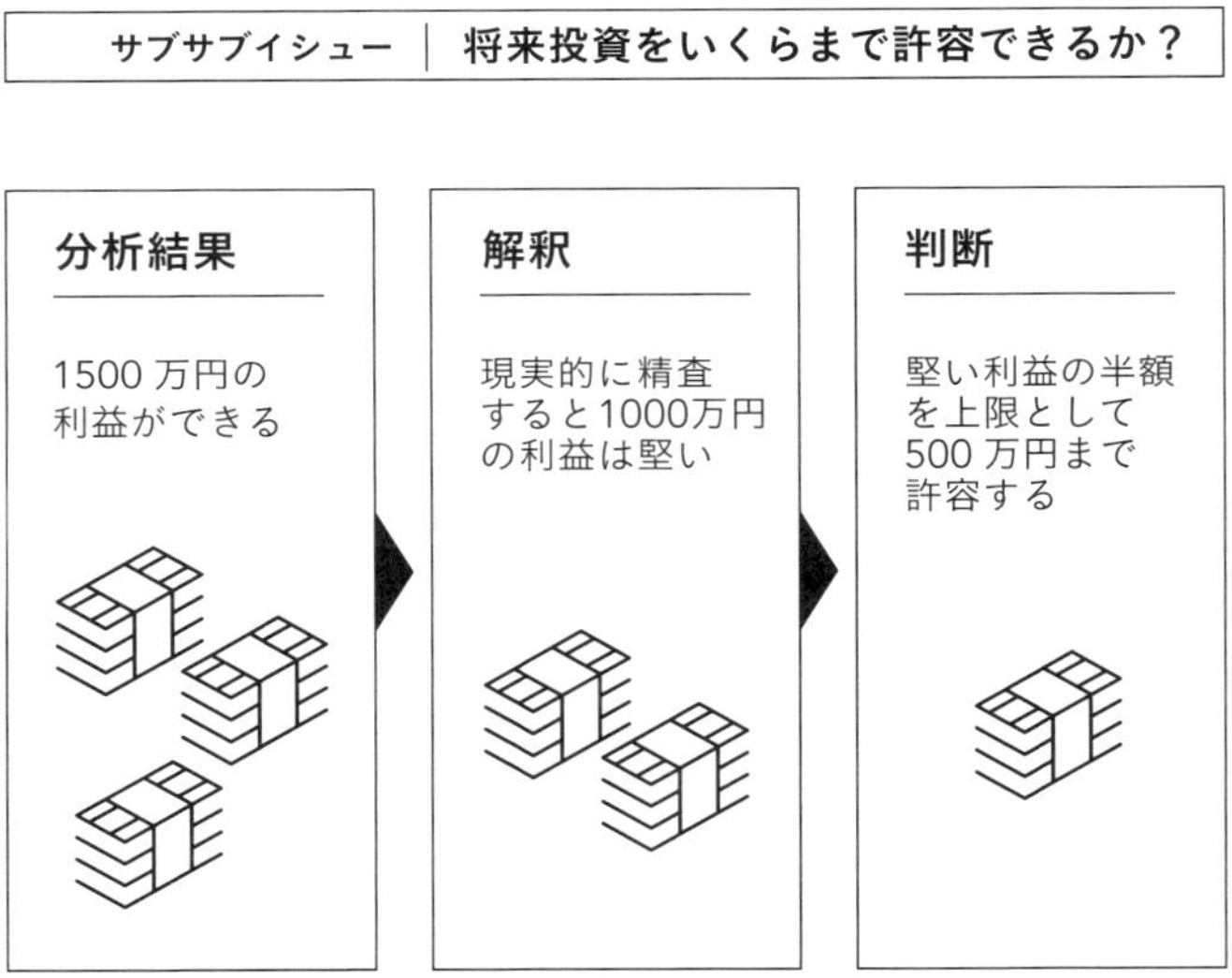

この時、それぞれのサブサブイシューに関する分析タスクを進める順番をうまく組み立てることが、分析作業全体の生産性を上げるために重要です。

なぜなら、ある分析タスクの結果次第で、イシューの体系が書き換えられて、別のサブサブイシューについての分析タスクが不要になる、あるいは、変更されるといったことが起こるからです。

分析・解釈・判断は、判断に至る思考作業ですので、ロジカルシンキングの基本技を駆使して進めます。

とりわけ大事なポイントとして、次の①〜⑤の項目を意識します。

①ユニバース（全体観）を明確にする

分析の対象とする全体はどこまでなのか、その境界を明確に認識します。

分析対象に漏れがあると、結論づけたい内容を十分に証明し切る検証に至りません。

例えば、「生成ＡＩを活用して業務の生産性を３割向上させる」というイシューを扱う時、対象とする業務の全体としてどこまでを含むのか、まず、対象範囲を明確に認識することがスタートラインです。

対象とする業務の中に、生成ＡＩを活用しても業務改善が期待できない業務も含めて全体として生産性を３割向上させるのか、それとも生成ＡＩを活用して業務改善できる業務のみを対象として生産性を３割向上させるのか、この全体観を明確に認識しないと、分析に漏れが生じて、目的達成できなくなってしまいます。

全体観については、もう一つの大事なポイントがあります。

Big Pictureを見る、すなわち、大局を俯瞰して大きな全体の構造・方向・動きを把握することです。

分析的に詰めていくと、どんどん細かな点に没入しがちです。

分析として細かく詰め切ることが重要である一方、「木を見て森を見ず」とならないよう、大きく全体を俯瞰して、その底流にあるもの、分析対象を取り巻く背景やトレンドを見逃さないようにします。

②目的達成にむかってゼロベース思考する

前例や慣例、常識といった暗黙の制約に囚われることなく、目的達成のために自由な発想を持ってゼロベース思考したいところです。

とはいえ、そう思ってはいても、実際には無意識のうちに前例や慣例、常識に囚われてしまいがちです。

ゼロベース思考を実際に進めていくために、すべての前例や慣例、常識に対して、「それって、絶対そうしなくてはならないのか？」と、常に天邪鬼《あまのじゃく》に問い続けるよう意識します。

③ファクトベース（現地現物主義）を徹底する

真実を理解する、さらに、新しい発見や解釈を正しく得るためには、ファクト（現地現物）のみを拠り所とします。

ファクト（現地現物）には、物理的な現物や現場、さらに、当事者を含みます。

現物とは、実際に対象となっているモノ（製品や商品、施設など）、現場は、対象となっているコトが起こっている場所の状況（店舗や工場、事件現場などの状況）、当事者は、対象となっているコトに直接関わっているヒト（店員、工員、エンジニア、お客様、お客様対応者、加害者、被害者など）です。

第三者による解釈や意見は、参考とはしつつも根拠とはしません。必ず、現地現物を直接確認して、その結果を拠り所とします。

第三者による解釈や意見は、当人のフィルターや認知バイアスがかかっているので、時として偏っていたり、見ている視野がズレていたり、漏れていたりすることがあり得ます。したがって、それらを鵜呑みにして解釈や判断の根拠とすることは避けましょう。

④分析手法の適用限界を超えない

分析に当たっては、さまざまな分析手法を場面に応じて駆使します。その際、活用した分析手法の適用限界を必ず確認して、それを超えない範囲で活用します。

論理的に考えれば至極当然のことですが、しばしばないがしろにされがちです。

例えば、会社などの組織の健全性調査や、消費者ユーザー調査などでは、アンケート調査が用いられます。回答者は、それぞれの判断基準にしたがって回答します。

1〜5の5段階で回答を得るアンケートでは、1〜5のスケールにおける5とは具体的にどのような状態なのか、その判断基準はそれぞれの回答者によって微妙に異なっているはずですが、それを一括して集計・分析し、一定の解釈を引き出しています。

このようなアンケート調査からの分析は、全体の大まかな傾向を理解する、あるいは、対象者の認識状況のバラつきを確認するためには有効ですが、より精緻な比較分析などの解釈・判断には注意が必要です。

すなわち、アンケート回答者の判断基準が同じであることが保証されないにもかかわらず、あたかも判断基準が同じであると想定した勝手な解釈は、分析手法の適用範囲外となります。

例えば、AグループとBグループでは、Bグループの組織のほうが健全である、あるいは、Bグループの消費者のほうが商品Xに対する購買志向が高い、などといった解釈は、それぞれの回答者の判断基準が揃っていることを前提とした解釈です。

実際には、それぞれの回答者の判断基準は微妙に違っているので、アンケート結果をこのような比較の解釈・判断の拠り所とするのは、適用限界を超えています。

⑤サンプルバイアスを排除する

サンプルバイアスとは、サンプルを選んで分析した結果を、サンプルの適用限界を超えて一般化してしまう間違いです。

行きすぎた一般化（Over-generalization）は、サンプルの適用条件を外れた解釈です。

例えば、街頭インタビューで得た一人のコメントを取り上げて、「街の人々は、みな○○○と感じています」と解釈するのは、典型的なサンプルバイアスです。

同様に、首都圏のある街を選んで調査した結果を、日本全国で○○○となっている、さらに、世界全体で○○○となっている、と解釈することもサンプルバイアスです。

サンプルバイアスを排除するためには、母集団の特性を代表するように注意深く設計されたサンプルを用いて分析・解釈を進めることが、統計の基本です。

そのようなサンプルから得られた結果であれば、母集団全体に当てはまる内容として採用することが可能です。

これら5つの大事なポイントを意識して、各サブサブイシューに関する具体的な分析を設計し、うまく組み立てた順番で分析と解釈を進めて、生産性高く、仮説をどう書き換えるか判断していきましょう。

結論版へ書き換える

これまで、イシュー思考の6つのプロセスのうち、

- Ⅰ 目的と目指す姿を言語化する
- Ⅱ イシューを特定する
- Ⅲ イシューステートメントへ言語化する
- Ⅳ サブイシューへ展開してイシューを体系化する
- Ⅴ 分析・解釈・判断する

と、5つ目までイシュー思考のプロセスを進めてきました。

イシューの体系のすべてのサブサブイシュー、サブイシューについて分析・検証を完遂して、書き換えアップデートが完了したところで、イシューの体系を「結論版」（結論を説明する論

理体系）へ書き換えます。これがイシュー思考プロセスⅥです。

ここまで、イシューステートメントを始め、サブイシュー、サブサブイシューは、疑問形で表現してきましたが、仮説の書き換えアップデートが完了して、結論が論理的に証明されるに至ったので、結論版では、これらをすべて説明調となるよう言い切り形へ書き換えます。するとこの結論版は、そのままピラミッドストラクチャーとなります。

ピラミッドストラクチャーは、下位のステートメントが根拠となって上位のステートメントを説明する結論説明型の論理体系なので、イシューの体系を結論版へ書き換えると、そのままピラミッドストラクチャーとなるのです。

書き換えられたイシューの体系（結論版）は、次の5つのポイントを充たしたものになります。

☑ 分析・検証の結果を反映して、書き換えアップデートが完遂されたものとなっている
☑ 目指す姿と現状とのギャップを問題意識として、取り組むに値する結論がイシューステートメントとして言語化されている
☑ イシューの体系は、イシューステートメントを結論とした結論説明型の論理構成（ピラ

ミッドストラクチャー）になっている

☑ サブイシュー・サブサブイシューによって、目的達成に至る十分条件を充たす項目がカバーされている

☑ 最下層のサブサブイシューの表現は、進めるべきアクションが具体的にイメージできて、次々と進められる表現となっている

このように、結論版への書き換えプロセスは、すべてのサブサブイシューの分析・解釈・判断が完了して結論に至った段階で、イシューの体系図に記される文言を説明調の言い切り文に書き換える作業です。

イシューの体系図は、もとより結論説明型のピラミッドストラクチャーになっているので、結論を説明する論理的な構成が整っています。

したがって、イシューの体系図の構成のまま、大元のイシュー、サブイシュー、サブサブイシューを言い切り調に書き換えるだけで、結論を説明する論理的な文章構成が出来上がります。

図2-6　結論版へ書き換える

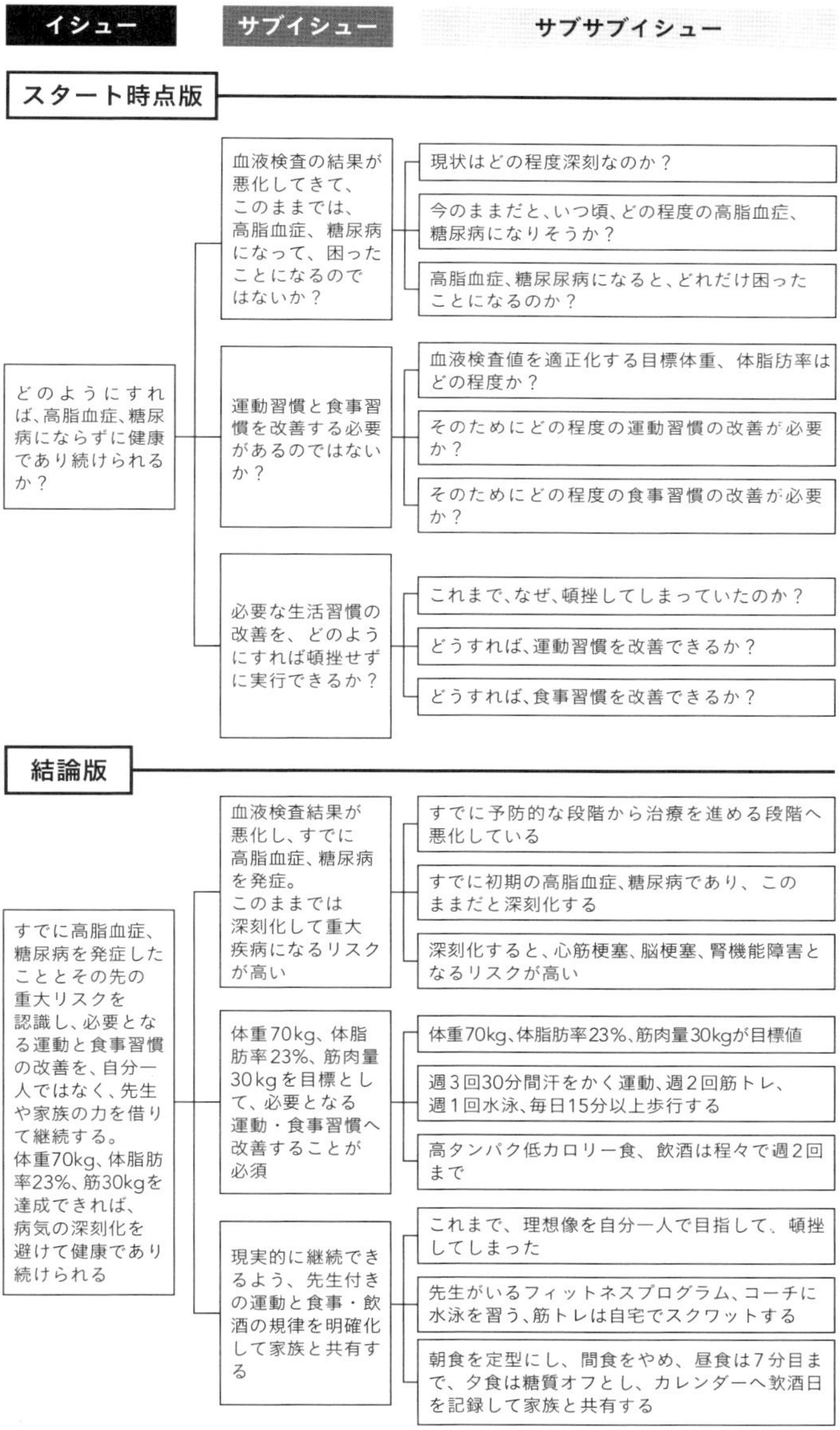

イシュー
サブイシュー
サブサブイシュー
スタート時点版
どのようにすれば、高脂血症、糖尿病にならずに健康であり続けられるか？
血液検査の結果が悪化してきて、このままでは、高脂血症、糖尿病になって、困ったことになるのではないか？
現状はどの程度深刻なのか？
今のままだと、いつ頃、どの程度の高脂血症、糖尿病になりそうか？
高脂血症、糖尿尿病になると、どれだけ困ったことになるのか？
運動習慣と食事習慣を改善する必要があるのではないか？
血液検査値を適正化する目標体重、体脂防率はどの程度か？
そのためにどの程度の運動習慣の改善が必要か？
そのためにどの程度の食事習慣の改善が必要か？
必要な生活習慣の改善を、どのようにすれば頓挫せずに実行できるか？
これまで、なぜ、頓挫してしまっていたのか？
どうすれば、運動習慣を改善できるか？
どうすれば、食事習慣を改善できるか？
結論版
すでに高脂血症、糖尿病を発症したこととその先の重大リスクを認識し、必要となる運動と食事習慣の改善を、自分一人ではなく、先生や家族の力を借りて継続する。体重70kg、体脂肪率23%、筋30kgを達成できれば、病気の深刻化を避けて健康であり続けられる
血液検査結果が悪化し、すでに高脂血症、糖尿病を発症。このままでは深刻化して重大疾病になるリスクが高い
すでに予防的な段階から治療を進める段階へ悪化している
すでに初期の高脂血症、糖尿病であり、このままだと深刻化する
深刻化すると、心筋梗塞、脳梗塞、腎機能障害となるリスクが高い
体重70kg、体脂肪率23%、筋肉量30kgを目標として、必要となる運動・食事習慣へ改善することが必須
体重70kg、体脂肪率23%、筋肉量30kgが目標値
週3回30分間汗をかく運動、週2回筋トレ、週1回水泳、毎日15分以上歩行する
高タンパク低カロリー食、飲酒は程々で週2回まで
現実的に継続できるよう、先生付きの運動と食事・飲酒の規律を明確化して家族と共有する
これまで、理想像を自分一人で目指して、頓挫してしまった
先生がいるフィットネスプログラム、コーチに水泳を習う、筋トレは自宅でスクワットする
朝食を定型にし、間食をやめ、昼食は7分目まで、夕食は糖質オフとし、カレンダーへ飲酒日を記録して家族と共有する

図2-7　イシュー思考の全体像（再掲）

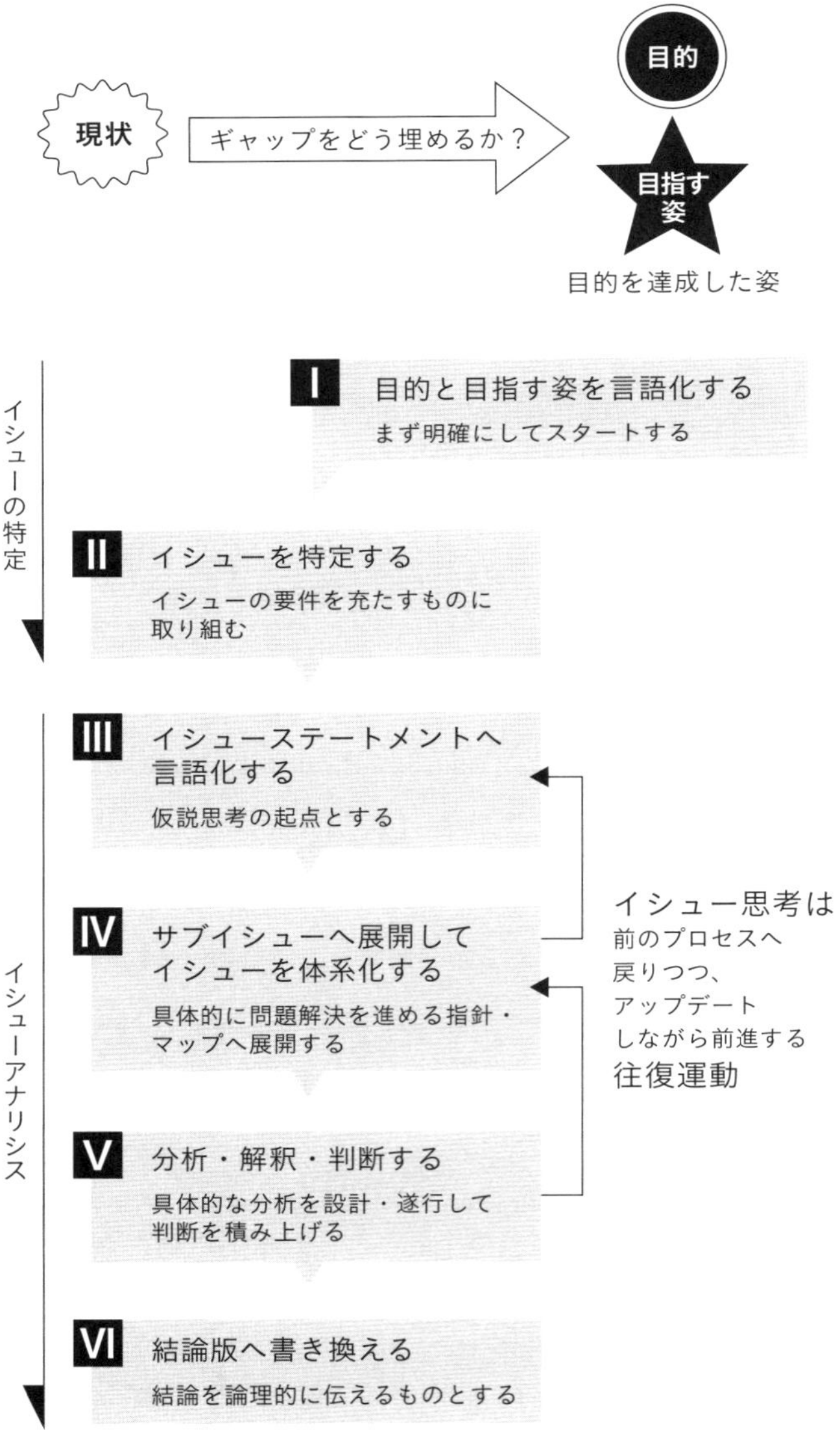
現状
ギャップをどう埋めるか？
目的
目指す姿
目的を達成した姿
イシューの特定
I　目的と目指す姿を言語化する
まず明確にしてスタートする
II　イシューを特定する
イシューの要件を充たすものに取り組む
イシューアナリシス
III　イシューステートメントへ言語化する
仮説思考の起点とする
IV　サブイシューへ展開してイシューを体系化する
具体的に問題解決を進める指針・マップへ展開する
V　分析・解釈・判断する
具体的な分析を設計・遂行して判断を積み上げる
VI　結論版へ書き換える
結論を論理的に伝えるものとする
イシュー思考は
前のプロセスへ戻りつつ、アップデートしながら前進する
往復運動

本章では、イシュー思考の「型」である「6つのプロセス」のそれぞれについて解説をしました。この6つのプロセスを理解したうえで、次章の「応用編」、さらに「実践編」へ進んでいきましょう。

この6つのプロセスはⅠからⅥへ至る一直線で単純思考するのではなく、前のプロセスに立ち戻っては進む「思考の往復運動」をしながら着実に前進していきます。

第3章

イシュー思考「応用編」

「やりきる」ためのイシュー思考

前章で、イシュー思考の「型」についてお話ししてきました。

目的とそれを達成するための目指す姿を言語化し、それに基づいてイシューを特定する。有効なイシューステートメントを設定し、イシューアナリシスを行ってイシューの体系を作り、分析・解釈・判断を行って書き換えアップデートしたうえで、結論版へ書き換えて完成。……と、これで満足してしまうのは早計です。


言うまでもありませんが、解決策が一通り組み上がったように思えても、目的達成に向けた問題解決の道半ばです。

出来上がったイシューの体系をいかに使いこなして実際の問題解決を進めていくのかについて、本章でお伝えしていきたいと思います。

目指す姿の実現に向けて実際にアクションを進めていく実行段階では、次々と直面する障害のすべてを乗り越えなくてはなりません。
　これができずに計画の実行が頓挫してしまった事例は数えきれないほどあります。

　実は、こうした問題もイシュー思考を活用することで解決できます。**イシュー思考は、実行段階における困難を乗り越え、着実に前進し続け、目的を達成する力（＝実現力）を支えてくれる屋台骨**になります。

　本章では、問題解決を「やりきって目的を達成する」ために、どんなことに留意すべきか、そして、それぞれの場面で、どのようにイシュー思考を活用していけば良いのかを解説します。

　さらに、イシューの体系を問題解決のマップとして使うメリットや、具体的な実行計画に落とし込む際のコツについても紹介します。

　他の書籍や記事などでは、これまであまり具体的には解説されてこなかった、イシュー思考のポイントである**根源課題**や**難所**、**問題解決のマップ**といった内容をお話ししますので、やや難しく感じられるかもしれません。

　まずは、「そんなことなのか」とそのまま受け止めながら、本章の最後まで一通り読み進めてみてください。そして、一通りの内容を見渡してから、あらためて反芻《はんすう》しながら理解をしていくのが良いと思います。

「根源課題」を突き止めて問題解決の糸口を見出す

一つ目の留意事項は、「根源課題の究明」です。

根源課題とは、文字通り、問題の根っこにある課題であり、本質的な問題の源流です。

この本質的な課題を認識できなかったために、目的を達成するために定めた「目指す姿」が、実は実現不可能、もしくは超困難であることを見落としたり、実現に向けた戦略の道筋を見誤ったり、実行段階におけるクリティカルな障害を見落としたり、といったことが起こります。

また、根源課題が解かれぬまま表面的に問題解決しても、根っこの課題が放置されたままでは、問題は再発します。

問題は、源流に遡《さかのぼ》らないと解ききれません。

逆に言うと、問題は根っこから、源流に遡って解くほうが、解きやすいものです。

工場や現場での改善活動において、常に「源流対策に遡って解決すべし」ということがよく言われています。これと全く同じです。

根源課題を明確に見極められれば、その後に続く解決策、さらに、実行計画もよりシンプルになり、実現可能性が高まります。

となると、解決策を構築する際に、潜んでいる根源課題を見落とさないことが重要ですが、それには良い方法があります。それは、**イシューアナリシスの段階で、イシューの体系の中に、根源課題に関する項目を立てておく**ことです。

図3-1　問題解決の障害やストッパーとなりそうな問いを入れておく

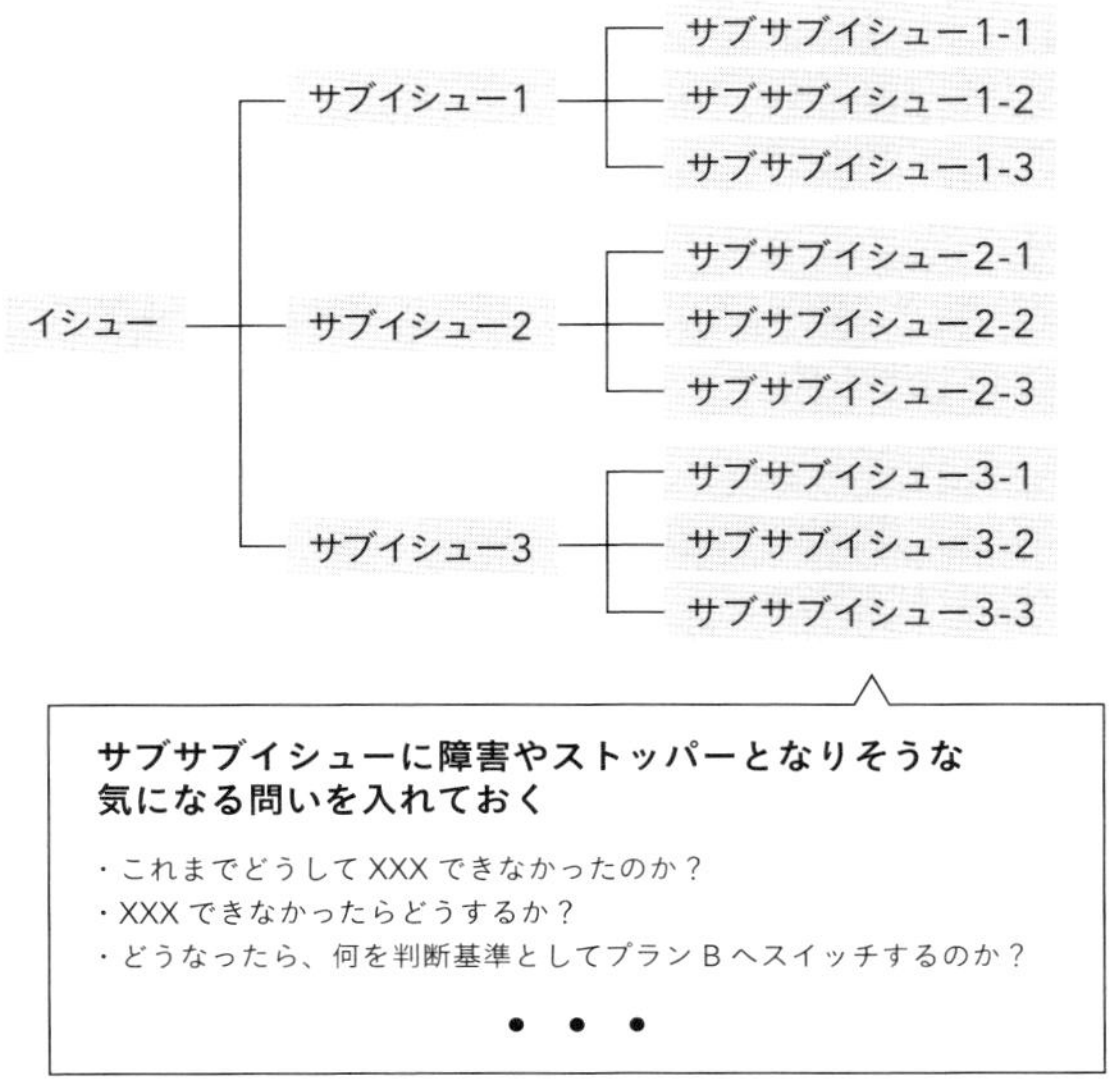

イシュー
サブイシュー1
サブイシュー2
サブイシュー3
サブサブイシュー1-1
サブサブイシュー1-2
サブサブイシュー1-3
サブサブイシュー2-1
サブサブイシュー2-2
サブサブイシュー2-3
サブサブイシュー3-1
サブサブイシュー3-2
サブサブイシュー3-3
サブサブイシューに障害やストッパーとなりそうな気になる問いを入れておく
・これまでどうしてXXXできなかったのか？
・XXXできなかったらどうするか？
・どうなったら、何を判断基準としてプランBへスイッチするのか？
• • •

具体的にどうするかと言うと、解決策を構築するためのイシューアナリシス（例えば、参入すべき有望な事業分野の見極めなど）においてサブイシュー展開をする時に、下層のサブイシュー、あるいはサブサブイシューの一つに、問題解決の障害やストッパーとなりそうな問いを入れておくのです。

前向きな議論の中に、あえてネガティブな視点を放り込むイメージです。

気になる障害やストッパーのすべてをイメージできるようにサブイシュー、サブサブイシューへ書き下しておきます。

サブイシューでは、漏れがないよう、やや抽象的にまとめた表現として、その下のサブサブイシューで、具体的に気になる項目をイメージが湧きやすいように書き下しておくことがコツです。

前向きな分析が進んできたところで、その障害やストッパーとなりそうな項目に向き合います。こうすれば、根源課題を放置したまま解決策を構築してしまうという過ちを防ぐことができます。

このように、イシューの体系は、問題解決において大事なことを見落とさないためのマップとしても有効です。

ここから根源課題（＝問題の源流）を突き止める作業に入るわけですが、これは、並大抵ではありません。イシュー思考を使って問題解決していく際の、一つのヤマ場です。

障害やストッパーとなる問題は、ほとんどの場合、複数の要因が複雑に絡み合っています。なかなか解かれぬまま放置され続けている問題であれば、なおさらに、知恵の輪のごとく複雑です。

この複雑に絡み合った解きようもなさそうな問題でも、根源課題を突き止めることによって、問題解決の糸口を見出すことができます。

「根源課題を見極める」段階に入ったら、先ほど下層のサブイシューに書いておいた項目をあらためてイシューステートメントとして立て、サブイシュー展開を進め、イシュー思考をしていきます。

前章で述べたように、イシューステートメントをサブイシューに展開する際には、サブイシューのセットがイシューステートメントを検証する十分条件となっていることが必須です。

したがって、ここでイシュー思考を使うことによって、根源課題のありかを見落とすことなく探索することが可能になります。反対に、単一的な思考や思い込みによる推測では、真の根源課題に到達しない恐れがあります。

イシュー思考によって根源課題がどこにあるかのアタリをつけたら、次はいよいよ根源課題を突き止める作業に入ります。

その時に有効なのが、多面的な視点からのシステム思考です。

システム思考は、複数の要因が複雑に絡み合った状況を解きほぐして整理し、構造化する思考です。システム思考のポイントは、次の４つです。

☑ レベル観、グルーピング
☑ 因果関係
☑ 時系列関係
☑ 悪循環・良循環サイクル

「**レベル観**」は、ミクロ（ディテール、具体）からマクロ（全体、抽象）へ至るレベル・段階・主従関係の位置です。

そして、同じ「レベル観」の項目を「グルーピング」して捉えます。

例えば、地図の「レベル観」では、マクロからミクロへ、国、県、市、町、番地とディテール化され、同じ国同士、県同士などのレベルで「グルーピング」して捉えられます。

「**因果関係**」は、原因と結果の関係です。例えば、氷点下の環境に水を置くと、これが原因となって、氷ができるという結果の関係です。

ある事柄とある事柄が、因果関係になっているかどうかは、原因の条件が揃うとその結果が必ず再現される、あるいは、その原因条件が取り除かれるとその結果が必ず起こらなくなる、という再現性が保証されることが核心です。

「**時系列関係**」は、複数の要因が、どういう順番で積み上がっているのか、その時系列の順番です。「時系列関係」の中には「因果関係」になっていることも、もちろんありますが、直接の「因果関係」にはなっていないものも多々あります。

例えば、買い物に自転車で出かけたら、お寺の鐘の音が聞こえて、段差で転んで膝を打撲し、全治3週間と診断されて、ホノルルマラソンを断念した。という時系列の流れ（時系列関係）では、段差で転んで膝を打撲し→全治3週間と診断されて→ホノルルマラソン出場を断念した、は因果関係になりますが、お寺の鐘の音が聞こえて→段差で転んで膝を打撲し、には因果関係はありません。

お寺の鐘の音が聞こえたことと、転倒したことが、たまたま、ほぼ同時に起こったにすぎないのです。

「悪循環・良循環サイクル」では、まず、その問題を起こしている主な要因（複数あります）を洗い出して、それらが引き起こしている悪循環サイクル図を描きます。

複数の要因が複雑に絡み合っているので、レベル観を見極めながら、因果関係、時系列関係を解きほぐして、可能な限りシンプル化します。

悪循環サイクル図を描く時も、仮説思考と同様に、はじめから正解を描く必要はありません。間違ってもよいからとりあえず描いてみて、全体を眺めながら何度も描き換えアップデートしましょう。

そして、「こんなことが起こっているな！」と感じられるレベルの悪循環サイクル図に至ると、自ずと、悪循環を起こしている起点（＝根源課題）が見つかります。

根源課題が見極められたら、それをどのように解けば悪循環を止めて良循環に反転できるか考えます。悪循環を良循環へ反転させる取っ掛かりとなる糸口（＝問題解決の糸口）が見つかった

図3-2　システム思考の4つのポイント

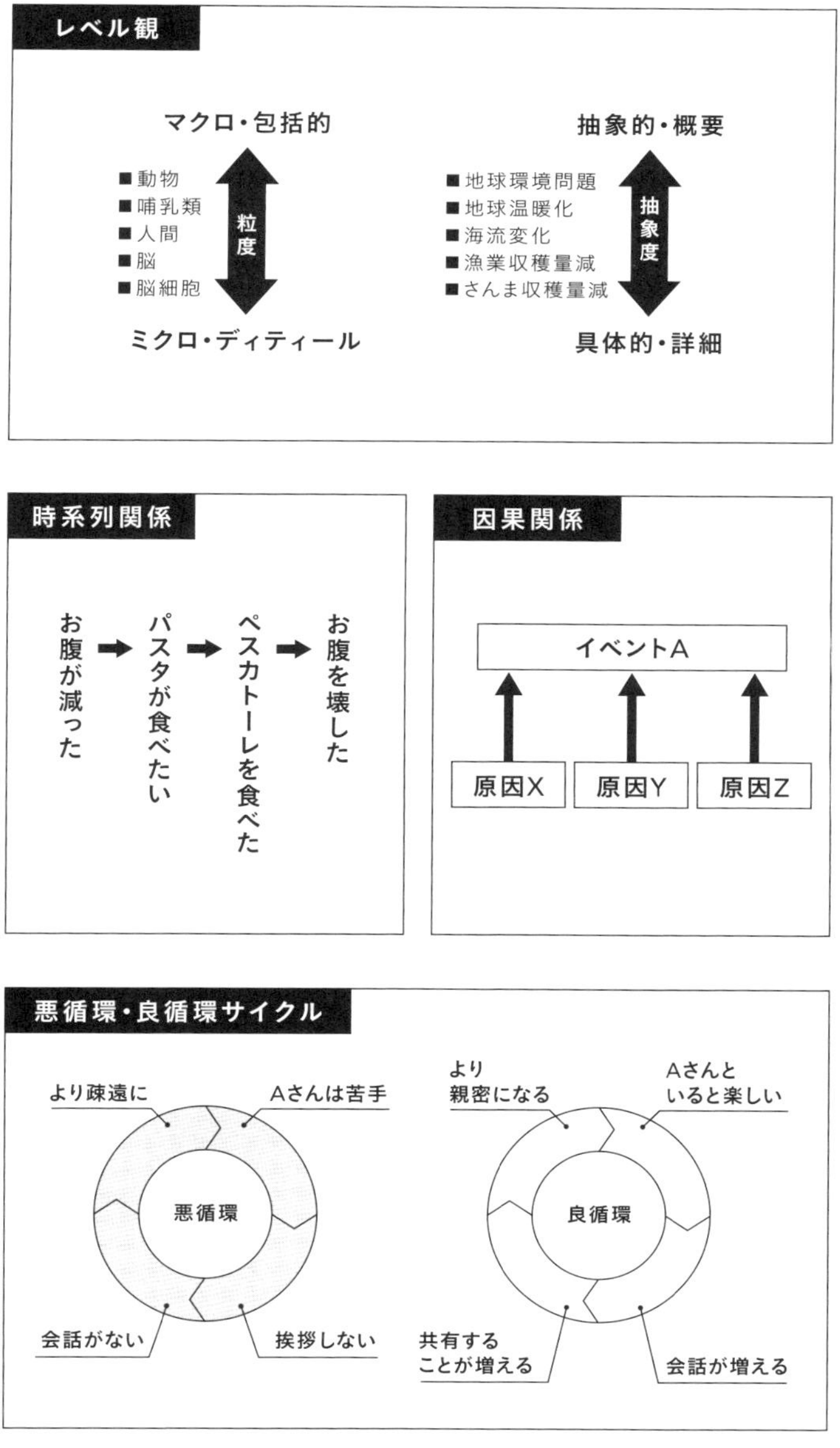

ら、それを起点とする良循環を描きます。

この起点となるアクションを良循環が回り始める起点として良循環サイクル図へ記します。第5章にて、この悪循環サイクル図を描いたうえで、良循環サイクル図を描いていく具体例を解説します。

この問題解決の糸口を手がかりに解決策を組み立てていきます。

ほぼすべての根源課題は、直接は見えにくいものです。それゆえに、システム思考を駆使して、背後にある本当の根源課題を見極めていきます。

ここで注意したいのは、根源課題として認識された問題が、本当に根源課題なのかどうか、という点です。

陥りやすい罠としては、源流ではなく中流域レベルの課題を根源課題と見誤ってしまう、あるいは、源流まで見切れているか不安を感じつつも、これを根源課題としたくなる誘惑に駆られるといったものがあります。

そうした罠にはまらないよう、しっかり検証する必要があります。

「難所」を想定して乗り越える

2つ目の留意事項は、「難所の想定」です。

問題解決の実行段階では、計画実行を阻むさまざまな「難所」に直面します。

難所の原因となる典型的なこととしては、例えば市場の変化、技術革新、経済動向の変化、法制度の変更といった外的要因や、アクションが想定通りに進まない（コスト・時間がかかりすぎる、成果が得られないなど）、現場の協力が得られない、といった内的要因があります。

実はこうした難所の多くは、事前に（＝解決策の構築段階で）対策を仕込んでおくことが可能です。そのやり方を説明しましょう。

まず、一通り解決策が組み上がってきた段階で、目的を達成するまでの実行アクションを具体的にシミュレーションして、どこに難所があり、そこではどんな状況になりそうかを想定します。

そして、どのような工夫によってそれを乗り越えるか、解決策を探ります。同時に、その難所をうまく乗り越えられなかった場合を想定して、代替シナリオを複数考えます。

さらに、どの時点でどのような判断基準に基づいて、複数の代替シナリオの中から一つを選択するのか、まで事前に明確に想定しておきます。

少し具体的に書いてみましょう。想定される難所について、基本的には当初のプラン（プランAとします）の通りに進められるよう段取りと準備を入念にしつつ、その難所をうまく乗り越えられなかった場合を想定したプランBも考えておきます。「ちょっと難しいな、と感じたらプランB」とすぐさま軌道修正できるようにしておくのです。

プランB、さらに必要であればプランCまでを想定しながらも、まずは、この難所をうまく乗り越えて、当初プランの通り進められるよう前進します。

そして、ある段階で、当初のプランAのまま進められなくなった、あるいは、プランB、プランCで進めるほうがより望ましくなったならば、プランB、プランCへ乗り換えて、目的を達成するようシナリオ変更します。

このプランB、プランCへシナリオ変更するか否かを判断する時点や状況が「判断分岐点」

となります。判断分岐点がどの時点なのか、あるいは、どのような状況になった時なのか、そしてどのような判断基準で、プランB、プランCへ乗り換えるか否かを判断するのか、まで明確に考えておきます。

　このように難所を想定して、代替シナリオ、判断分岐点、判断基準をあらかじめ明確にしておけば、難所を巧みに乗り越えていくことができます。

　まとめると、難所を想定して、解いて、段取りとして落とし込んでいく際に指針となるのは、左記の4つの問いです。

☑ 実行上の難所はどこか？
☑ その難所における代替シナリオ（選択肢）

図3-3　難所を想定しておく

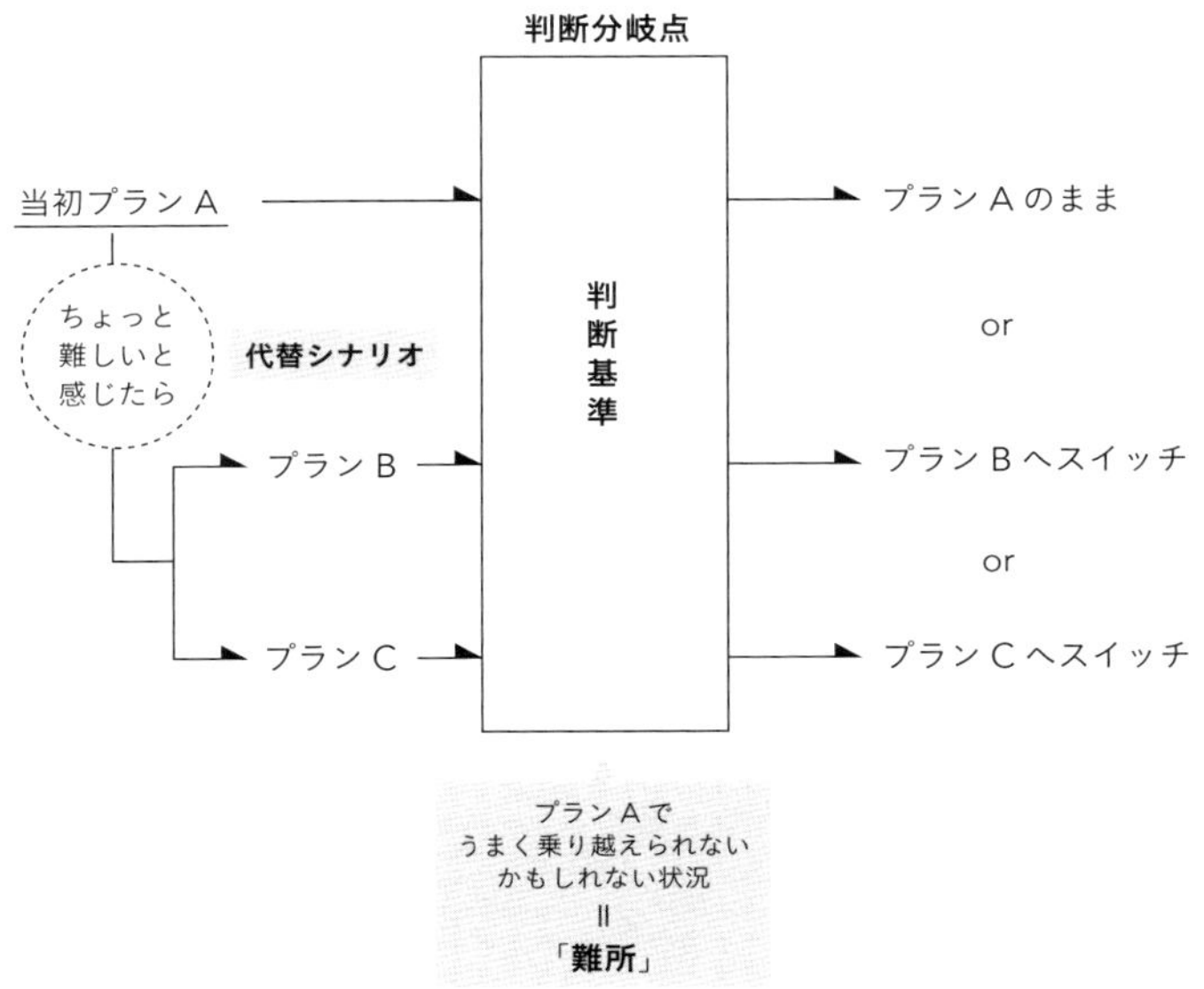

はどうなるか？

☑ 代替シナリオ選択の判断分岐点と判断基準は何か？

☑ その難所をどのような段取りで乗り越えるか？

こうした一連の思考をする際に有用なのは、やはりイシュー思考です。

前節の「根源課題」の時と同様に、**まず問題解決全体のイシューの体系のサブイシュー展開において、サブイシューのどこかに、「実行において乗り越えるべき難所は何か？」といった抽象的な表現で、項目として入れておきます。**

そして、サブサブイシューの分析がある程度進んで、難所の起こりそうなところが見えてき

図3-4　難所についてイシューに書き下す

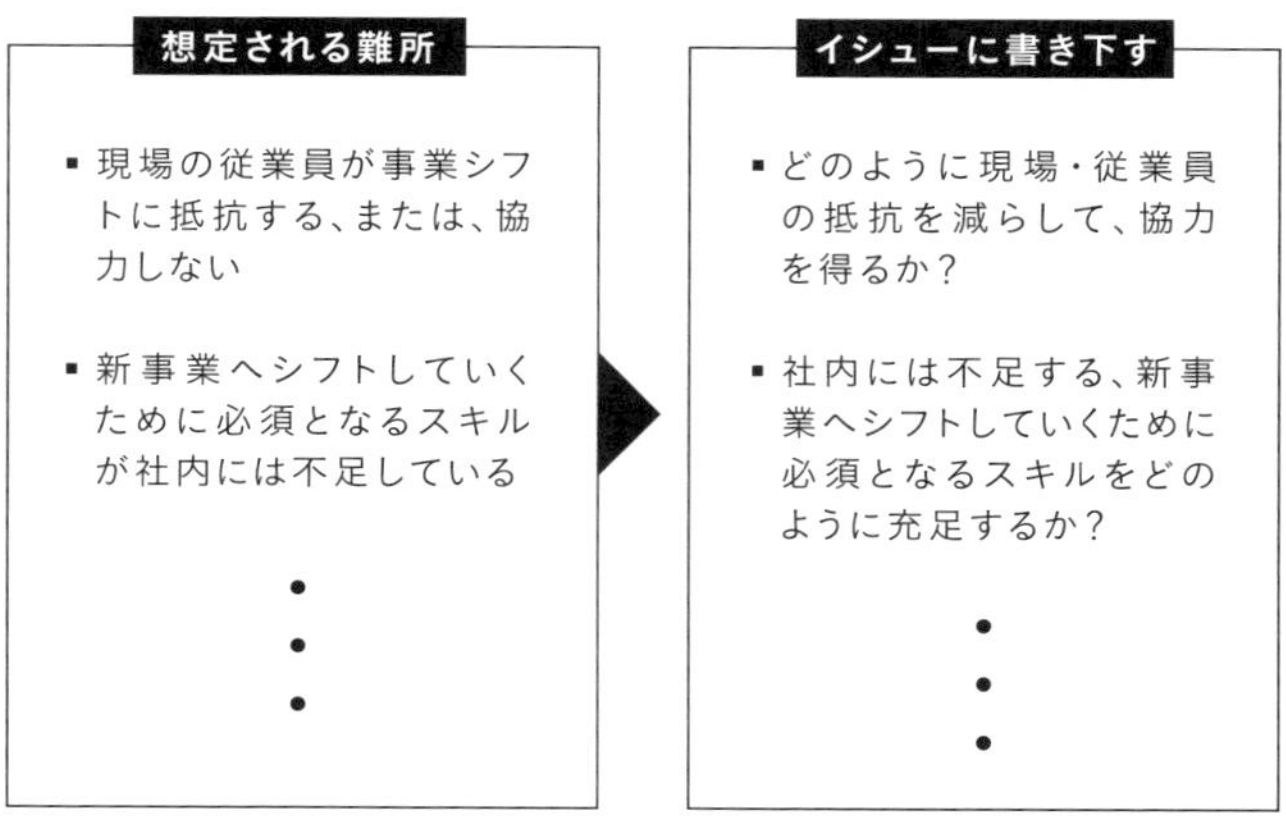
想定される難所
▪ 現場の従業員が事業シフトに抵抗する、または、協力しない
▪ 新事業へシフトしていくために必須となるスキルが社内には不足している
イシューに書き下す
▪ どのように現場・従業員の抵抗を減らして、協力を得るか？
▪ 社内には不足する、新事業へシフトしていくために必須となるスキルをどのように充足するか？

た時点で、想定される難所について具体的にイメージが湧くようなイシューに書き下します。

それを新たなイシューステートメントとしてイシューの体系に展開していくと、難所やそれに対する対応策、代替シナリオ、判断分岐点、判断基準を具体的に想定することができます。すなわち、イシュー思考を活用することによって、難所を見落とすことなく、その難所をどのように乗り越えるのか、前もって段取りをして準備できます。

ここまで事前に難所を想定してシミュレーションと段取りができていると、実行段階における苦労や困難を激減させて、目指す姿をより苦労少なく、効率的に実現できます。

計画実行に先立って、難所を想定してその乗り越え方をシミュレーションして段取りをする作業は、ある程度の時間と労力を要する作業です。

しかし、その時間と労力を投資すれば、後々大きく時間と労力の節約ができるので、その投資対効果は極めて大きいと言えます。

であれば、やらない選択肢はありません。解決策構築の段階でこそやるべき作業です。

しかしながら、このように万全な事前準備をしていても、実行段階に移行してタスクを実行していくと、状況が変化して、想定外の難所に遭遇するものです。想定外の難所に遭遇した時は、どうすればいいのでしょうか?

基本的には、解決策構築の段階で思考した「難所の想定・段取り」と同じです。実際に問題が勃発する前のなるべく早い時点で難所を察知し、イシュー思考を使って解決策を組み立てます。そして、全体のイシューの体系に照らしてアクションプランを修正しながら対応していきます。

実行段階では、状況が次々と進展しているので、対策が遅れれば遅れるほど事態は悪化するものです。

それゆえに迅速に対応できることが重要です。実は解決策構築の段階で、難所の想定から代替シナリオ・判断分岐点・判断基準の想定までを十分に準備できていると、それが良い予行演習になって、実行段階における想定外の難所にも迅速に対応することが可能になります。

防災訓練のように、難所を想定して思考シミュレーションをしていきましょう。

本節の冒頭で述べたように、**典型的な難所の原因は、外的要因・内的要因のどちらもあり得ますが、日常的に最もよく起こるのは、ヒトや組織の行動特性に起因する問題**です。

具体的には、合意が得られない、協力が得られない、抵抗される、妨害されるなどです。

私たちが身の周りのこと、職場やコミュニティー・グループ、家族に関わることについて、何かしらの目的を達成したい時は往々にして、ヒトや組織の行動特性によって起こる問題に直面します。

ヒトや組織の行動特性は、決して小さくない問題であるにもかかわらず、しばしば軽んじられて看過され、その結果、実行の場面で緊張関係や抵抗を生み、多くの関係者が大変な苦労に巻き込まれてしまいがちなのです。

例えば、生産性を3割上げる業務改善の場面において、分析の結果として提案された3割の生産性向上を現場で実現するためには、新しい業務プロセスへの移行が伴います。

これに対して、従業員の間では「大変そうだから、できれば現状のままであってほしい」「新しい業務プロセスに変わって効率化が進めば、私の仕事がなくなってしまう」などと感じて、新しい業務プロセスへの移行に抵抗したり、非協力的になる反応も不可避です。

何かを変えて改善・革新しようとする時、常に現状のままでありたい、現状のままのほうが良い、というヒトや組織の抵抗反応が起こります。

この「変化に対して反対・抵抗する、もしくは、反対はせずとも協力しない」といったヒトや組織の反応にどう対処して変化を実現していくのか。これを解くことが、目的達成の十分条件の詰めとして、重要です。

常に認識しておくべきヒトや組織の行動特性として、次のようなポイントが挙げられます。

☑ それぞれの組織・集団には、特有の共有価値観（組織の常識）、行動規範、判断基準がある
☑ 組織・集団の利益と個人の利益は時として相反する
☑ ヒトは、現状変更に対して少なからず抵抗する
☑ ヒトは、ラクな方向を選好《よりごのみ》する。面倒なことは避けたい。難しく感じられることはできる限りしたくない
☑ ヒトは、見えない不透明な方向性に不安を感じて尻込みする
☑ ヒトは、居心地が良いところにいたい

- ☑ ヒトは、認められたい。小さなことでも感謝・リスペクトされたい
- ☑ ヒトは、合理的に正しいことを、素直には受け容れられない事情を背負っている
- ☑ ヒトは、必ずしも言っていることと、本音が一致しているとは限らない
- ☑ ヒトは、周囲の意見に流されやすい
- ☑ 組織の集団心理は、声の大きなヒトの言動に大きく左右される

これらは、すべての特性を網羅してはいませんが、このようなことを認識していると、実際の現場に立った時に、その状況に置いて考慮すべき、さまざまなヒトや組織の行動特性に気づけるようになるでしょう。

こうした認識は現場で直面する、関係者からの言い訳の背後にある、本当の事情や理由を突き止めて理解する助けとなります。

本当の事情や理由を理解できれば、その言い訳に対する対処法も的を射たものとなります。

ヒトや組織の行動特性についての認識が足りなかったために起こった、2つのリアルな失敗談を紹介しましょう。

失敗談1：A社は、製造工場を対象とした新規のシステムアプリサービスを半年前にリリースし、「3年後に売上100億円、営業利益18億円」を目指したものの、競合に遅れて後発となったために受注に苦戦を強いられ、受注した案件は他社が敬遠するような厄介案件が多くなってしまった。

その結果、受注後のシステム実装に想定以上の手間と期間がかかるうえにトラブルが頻発し、現場のエンジニアは混乱して極度の疲労状態に陥ってしまった。

受注済みの顧客は、トラブルや納期遅延が重なって不満が募り、このままでは顧客の信頼を損ねて、この新規アプリサービスは失敗に終わるリスクに直面した。

ここまで追い込まれて、新規の受注を半年間フリーズして立て直しを図る具体的なリカバリープランを立てたものの、実行に移されることなく終わった。

なぜこのようなことが起こったのでしょうか。

欠けていた点が、大きく分けて2つありました。

まず一つ目は、組織的な経営判断の問題です。

実は、この新規アプリサービス事業の承認を経営会議で得るために、3年後の目標をかなり高めに設定し、それに応じて、2年目以降のリソース投入量を判断する初年度の売上目標も、現実から乖離《かいり》した高水準に設定してしまっていました。

すなわち、経営サイドに、新規事業を長い目で育てていくという視点が欠けていました。その結果、営業は高すぎる売上目標をなんとかして達成しようと無理な受注を重ねて、顧客の信頼を失うという崖っぷちに追い込まれてしまったのです。

当初設定した判断基準をクリアすることはほぼ不可能となった時点で、この新規サービスを前に進めるのか、あるいはギブアップするのか判断する必要があり、継続するのであれば2年目以降の投入リソース判断をする判断基準も見直すことが必須です。

しかしながら、この現時点における継否判断と、2年目以降の投入リソース判断の判断基準の変更を、経営に対してどのように提案して承認を得るのか、という準備も不十分でした。

2つ目は、営業担当者の処遇の問題です。

受注フリーズの期間、営業担当者は何をしているのか、さらに、この受注フリーズのために売上実績が上げられない営業担当と、本サービスに関わっていないために通常通りに売上実績を上げられる営業担当者の間で、業績評価の公平性をどう担保するのか、という視点が欠けていました。

すなわち、「目標」と「判断基準」の設定といった組織としての経営判断と、不遇な状況を強いられる「営業担当者の処遇」という、組織とヒトに対する問題解決の詰めが甘かったのです。

では、もう一つの失敗談です。

> **失敗談2**：グローバルに4拠点で工業用の製造装置を製造して、世界の主要メーカーへ販売している会社が、新モデルの生産能力拡張計画を策定して意思決定した場面。
> 大きく2つの提案が出されたが、コスト、品質、顧客サービスにて最も優位となるだろう拠点の提案は採択されず、そうではない拠点の生産能力を拡張する計画が取締役会で意思決定された。

なぜ、「最も優位となるだろう拠点」ではない拠点の生産能力拡張案が意思決定されたのでしょうか？

それは、取締役、執行役員が2つのグループに分かれていたためでした。それぞれのグループが、自らが管轄する地域の拠点が最も優位となる、という分析結果を作成しました。

そして、CEO（最高経営責任者）が推す案が意思決定されたのですが、その案は、必ずしも最適案とは言い難いものでした。


グローバル企業においては、それぞれの地域が自らの地域に有利となるような分析結果に基づく提案を出すのは当たり前のことです。

それでも、大きな事業目的に沿って重視すべき判断基準の優先順位を明確にして、その判断基準に照らして最適案を選別すれば、論理的に筋の通った判断に至ります。

しかしながら、このケースでは、この判断プロセスの中でいくつかの落とし穴がありました。


取締役、執行役員は、CEO（欧米を主管）を中心とするグループとCOO（最高業務執行責任者。アジアを主管）を中心とするグループの2つに分かれていました。

そして、取締役会に向けた投資計画議論の資料を取りまとめたのは、コントローラーとして、事業オペレーション、財務に関わるグローバルな数字を握って管理していたCFO（最高財務責任者）で、実は、このCFOはCEOのグループでした。そして、CFOの人事権はCE

Oが強く握っていたのです。

一方、COOはCEOに対して牽制《けんせい》的な立場を取ることが少なくなく、社外取締役からはその存在価値が認められていました。

それでも、CFOによる両者の提案の比較評価案では、COO案について深く検討議論が進められることはないままにCEO案が優位とし、取締役会へ提案されました。

このような意思決定となってしまったのは、CEO、COO、CFOの三者間で、会社の短期業績と成長目標の達成という共通の目的に照らして優先すべき判断基準は何か？　と十分に議論する場が欠けていたためです。

本来は会社の短期業績と成長目標が達成できれば、三者おのおののパフォーマンス目標も達成されるのですから、齟齬なく協力し合える状況であったにもかかわらず、なぜそうはできなかったのでしょうか。

そもそも、そのような議論の場を設定できる人間関係・雰囲気ではなかった、という事情はあったにせよ、そこを乗り越えて問題解決しなければ、会社としてベストな選択がトップ3の間で共有され得ないのです。

キーマン同士の仲が良くない、常にお互いを牽制して協力し合わない、といったことは、取るに足らないことのように感じられますが、そのために目的の達成になかなか至れないような難所となることが多々あります。

この失敗談も、ヒトにまつわる問題を難所と捉えて、ヒトの特性までしっかり含めて問題解決することが求められたケースでした。

この2つの失敗例を通じて、「目標」「判断基準」の設定や方針判断などといった組織としての経営判断、不都合を強いられるヒトに関わる問題、さらに、キーマン同士の関係性の問題は、しっかり詰め切らなくてはならない難所として認識することが大事であると、あらためて確認されました。中途半端に処理してしまうと、後になって決して小さくはない問題を引き起こしかねないからです。

ヒトや組織の行動特性に関わることが難所になると認識して、この難所をどう乗り越えるのか、解決策の構築段階に進む前に、あらかじめ対応策を考えて仕込んでおくと、実行段階における苦労と時間を大きく減らすことができます。

イシューの体系が「問題解決のマップ」となる

ここまでの解説を読んでおわかりのように、「イシュー思考」は、問題解決のあらゆるシーンで役立ちます。

イシュー思考を使うことで、問題解決における重要ポイントの見落としを防いだり、分解された各課題について詳しく掘り下げられたり、とさまざまな利点がありますが、最大の利点は、なんと言っても、**イシューの体系が問題解決のすべてを見渡せる「マップ」**となっている点でしょう。

イシューステートメントをサブイシュー、サブサブイシューへと展開した「イシューの体系」は、マクロ（問題解決の全体像）とミクロ（具体的な分析／アクションのタスク）が同時に俯瞰できる優れたマップです。マクロに見ると、問題解決の切り口や重要なポイント、論理構成がひと目でわかるようになっています。

一方、ミクロに見ると、具体的に取り組むべき分析またはアクションのタスクが、すぐに実行できるイメージが湧くほどに明確に書かれています。

この**「マップ」としての「イシューの体系」を最大限活用していくことが、問題解決の生産性を高めることに直結している**と言っても過言ではないでしょう。

「イシューの体系」を毎日、あるいは定期的に眺めていると、新たな発見に出逢う機会が増えます。もちろん、見落としや漏れに気づく、といったこともありますが、それ以上に、いくら考えても思い浮かばなかったアイディアが降りてくるきっかけになることもあるのです。

図3-5　イシューの体系図は問題解決のすべてを見渡せる「マップ」

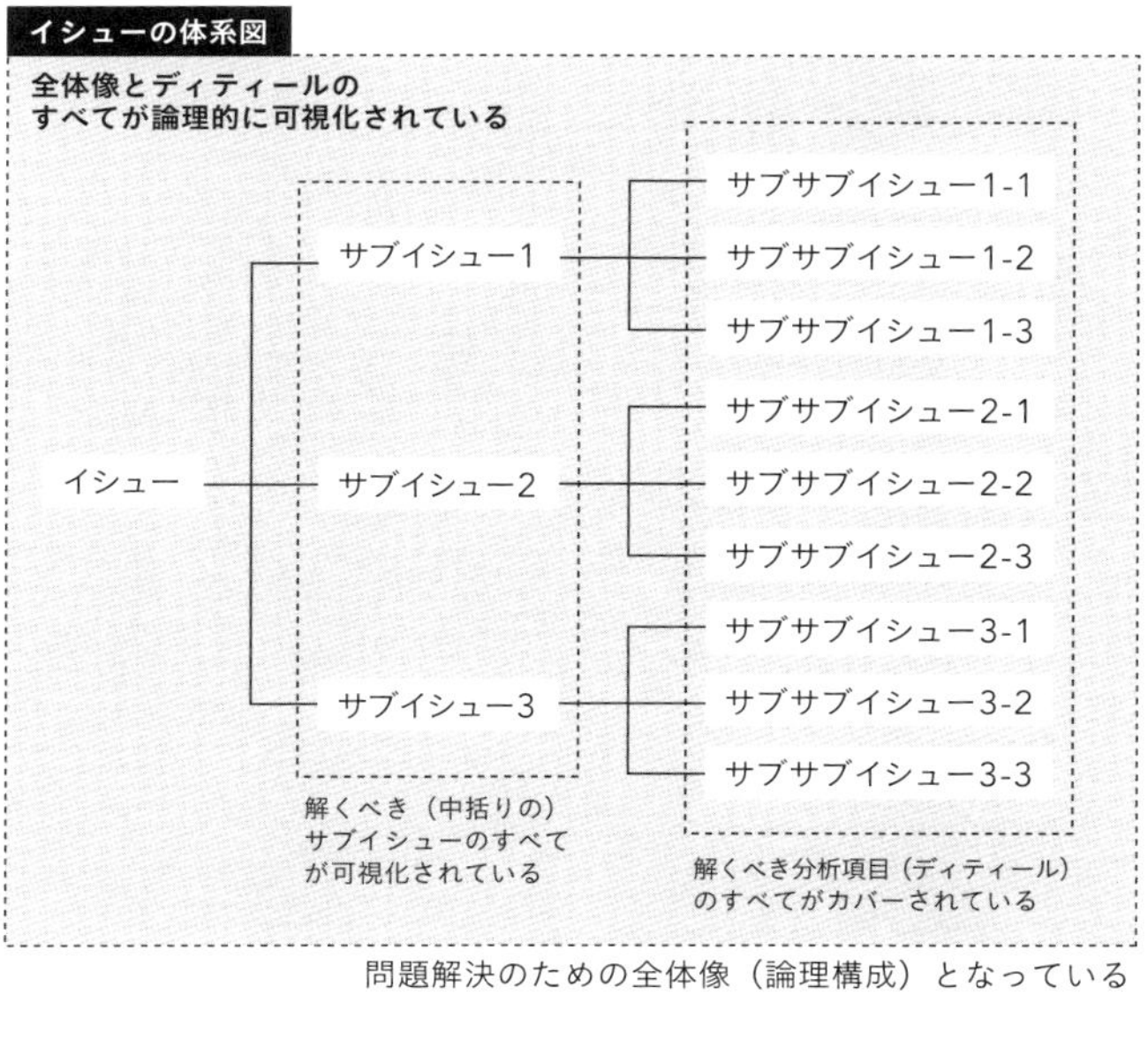

なぜかと言うと、定期的に眺めることで「イシューの体系」マップが脳に刻み込まれ、潜在意識に働きかけるからです。

そうなると、問題解決に取り組んでいる最中でなくとも、無意識に脳が働いて、何かを見たり、読んだり、会話したりした際に、ふいにつながって閃きに至る、といったことが起こるのです。

例えば、本章第2節で解説した根源課題について言えば、イシューの体系のサブイシューの中に、障害やストッパーとなりそうな問いを書き記しておくと、イシューの体系を定期的に参照しているうちに、さらに別の障害やストッパーに気づくことがあります。

これは、イシューの体系を常に俯瞰していることによって、脳内で問題解決に向けた重要な検討ポイントが印象づけられるので、無意識のうちに脳が勝手に働いて、何かのきっかけで気づきが降りてきて顕在化するのです。

このような脳の働きを得られることが、イシューの体系をマップとして活用していく最大級のメリットです。

さらに、イシューの体系をチームメンバーの間で共有すると、そのメリットは、個々のメンバーの脳の働きがアップするにとどまらず、チームとしての協働的な問題解決思考に大きな効果を生みます。

なぜなら、マップが共有されているので、それぞれのメンバーが分析結果を得たり、何かに気づいたり閃いたりしたことが、マップ上のどこの内容なのか、それによって問題解決がどう進むか、あるいは、どう軌道修正しなくてはならないのかが、即座にメンバー全員の共通理解となるからです。

このように、イシュー思考をチームの共通言語として使いこなせると、生産性が著しく向上します。

イシューの体系を俯瞰して新たな発見を得た際には、それによってイシューの体系のどの部分がアップデートされるのかをしっかり検証したうえで、書き換えます。

イシューの体系は、あくまでも仮説なので、常に臆することなく書き換えアップデートします。例えるならば、イシューの体系は、完成した地図として飾っておくものではなく、生きて進化し続けているもの、と認識しましょう。

また、すぐに書き換えには至らなくても、懸念されることや気になることがあれば、頭の中だけにとどめておかず、イシューの体系に追記しておくべきです。

イシューの体系図に収まりにくければ、欄外に備忘録メモとして書き下しておくのも手です。

これも何かのきっかけで、イシューの体系図にうまく組み込めるように理解が進んだり、あるいは、削除して問題ないと判断できるようになります。

この削除しても問題ないという判断も、目的達成に向けて漏れなく必要な項目をカバーしつつ、同時に、無駄な作業はしないためのとても大事な判断（＝安全確認）です。

イシューの体系を書き換える際には、常に目的達成に向けた十分条件を充たしているか否か

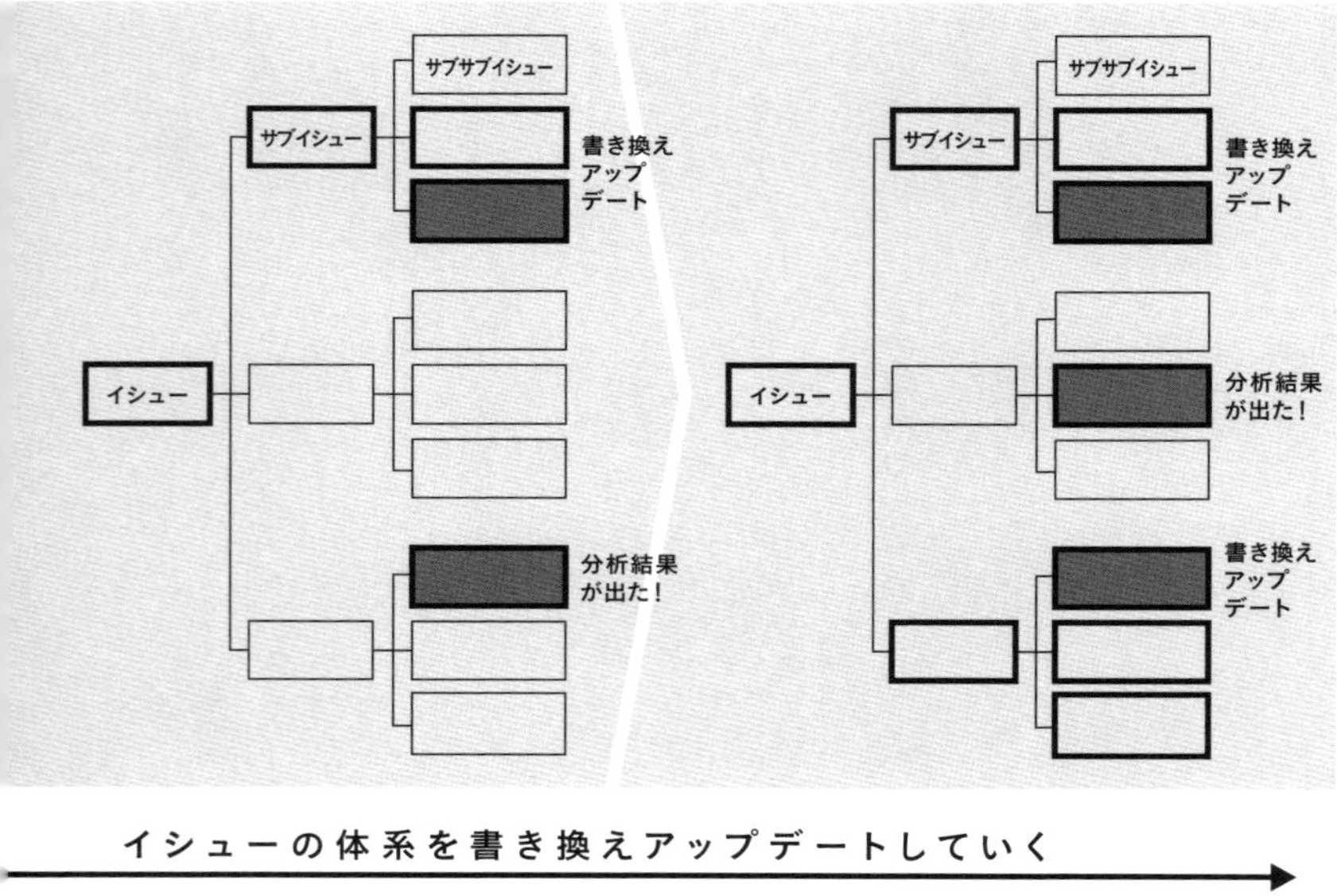

を確認し続けることが大事です。十分条件を充たしているか否かを確認するうえでも、イシューの体系の、論理構成がひと目で見渡せるというマップ機能がとても役に立ちます。

確認の結果、目的達成のために追加の段取りや軌道修正が必要となれば、臨機応変に修正しながら、目的にむかって前進し続けます。

このようにイシューの体系図を問題解決のマップとして最大活用できるようになると、思考能力が大幅にアップして、漏れなく、生産性高く、問題解決を完遂できるようになります。

イシューの体系が、問題解決のマクロとミクロを同時に俯瞰できるマップとして、自身やチームの脳力を最大限に発揮する触媒となっていることを、ぜひ実感してください。

図3-6　イシューの体系図の書き換えアップデート

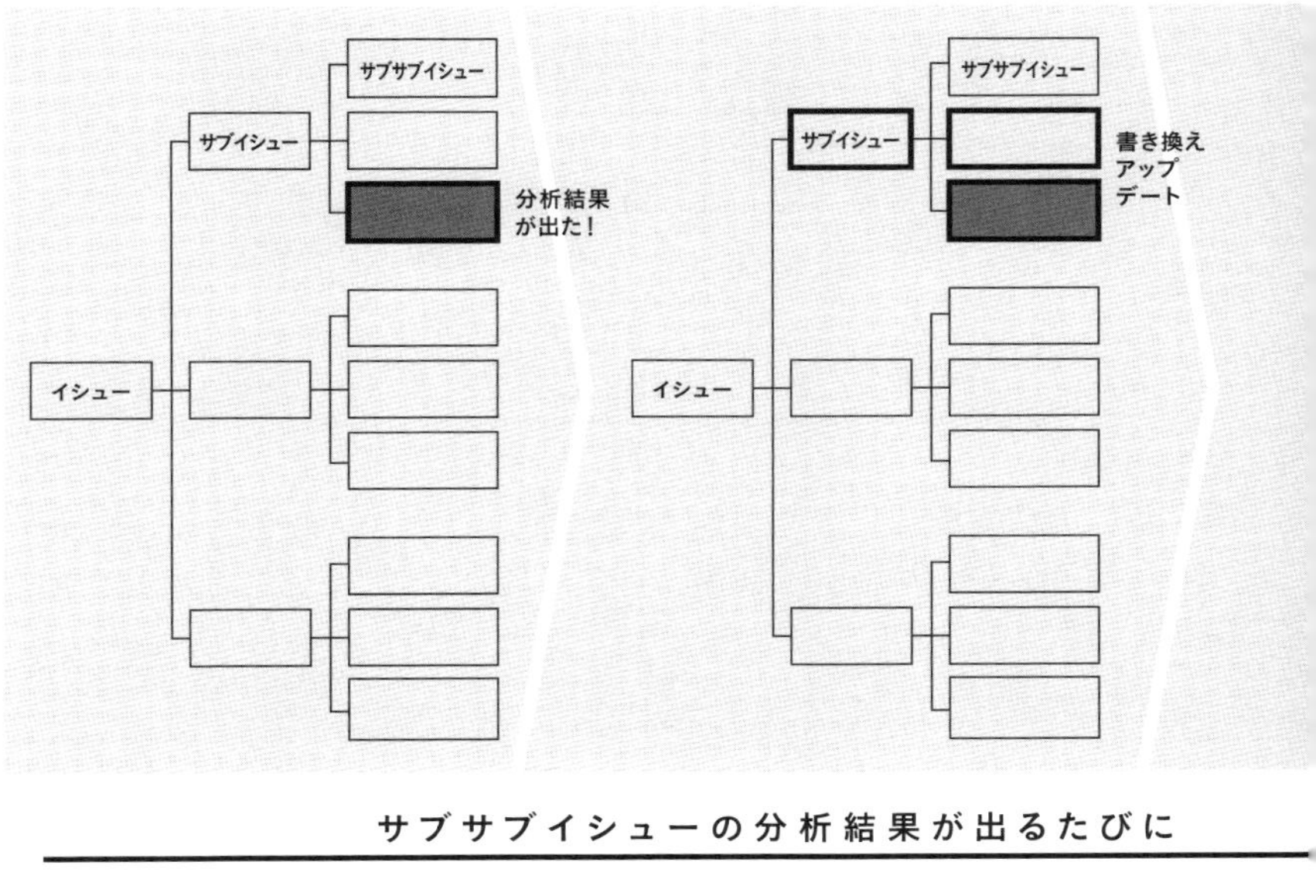

実行計画へ落とし込む

本章の最後に、イシューの体系の結論版に基づいてアクションを進めていくために、具体的な実行計画へ落とし込んでいく方法を説明しておきましょう。

解決策の構築まで終えて、結論に至ったイシューの体系（結論版）の最下層のサブサブイシューは、実行段階において実行すべきタスクを網羅しています。

その各タスクを、誰が担当して、どのような順番で、いつまでに完了するのか、という段取りをして組み立てると、アクションプランへ書き下すことができます。

具体的なアクションを展開する順番を組み立てる時には、どの順番でサブサブイシューを解いていくのか、どの順番でアクションを実行していくのか、組織内のどのチームの誰から浸透させていくのか、といった具体的な順番の組み立てが問題解決・目的達成の成否に大きく関わります。

したがって、ヒトや組織の行動特性を考慮して順番を組み立てることが肝要です。

アクションプランを書く時、「想定される難所をどのように乗り越えるのか」をイシューとしたイシュー思考の結論として得られた「難所を乗り越える段取り」も、前述のアクションプランへ組み込みます。

すなわち、実行段階においては、全体を網羅する大きなイシューの体系図とともに、「難所をどう乗り越えるのか」をイシューとしたイシューの体系図がセットとなって、問題解決の設計図となります。

実は、大きなイシューの体系図のサブサブイシューに「どのような難所が想定されて、その難所をどのように乗り越えるか？」と書かれているので、そのサブサブイシューから、さらに下位のサブイシューへ展開されたことと同じです。

アクションプランは、目的達成に至る全体を包含した「全体マスター計画」と、直近のアクションをより具体的・詳細に定めた「直近のアクションプラン」の2つを策定します。

直近のアクションプランは、直近の数日、1週間、2週間、1ヶ月といった短期間で進める具体的で詳細なアクションプランです。

一方、全体マスター計画は、目的達成のゴールに至るまでの道筋を大きな設計図として記したものです。

この大きな設計図には、タイムラインとともに、中程度にまとめられたアクション項目と、判断ポイント・判断分岐点が記されます。

ちなみに、全体マスター計画を、直近のアクションプランの程度まで詳細化するのはお勧めしません。なぜならば、判断分岐点において判断・選択された選択肢によって、その後のマスター計画の書き換えアップデートが起こるからです。

次章からは、実践的なケースを用いて、これまで説明してきた内容を具体的に解説していきます。

図3-7　全体マスター計画と直近のアクションプラン

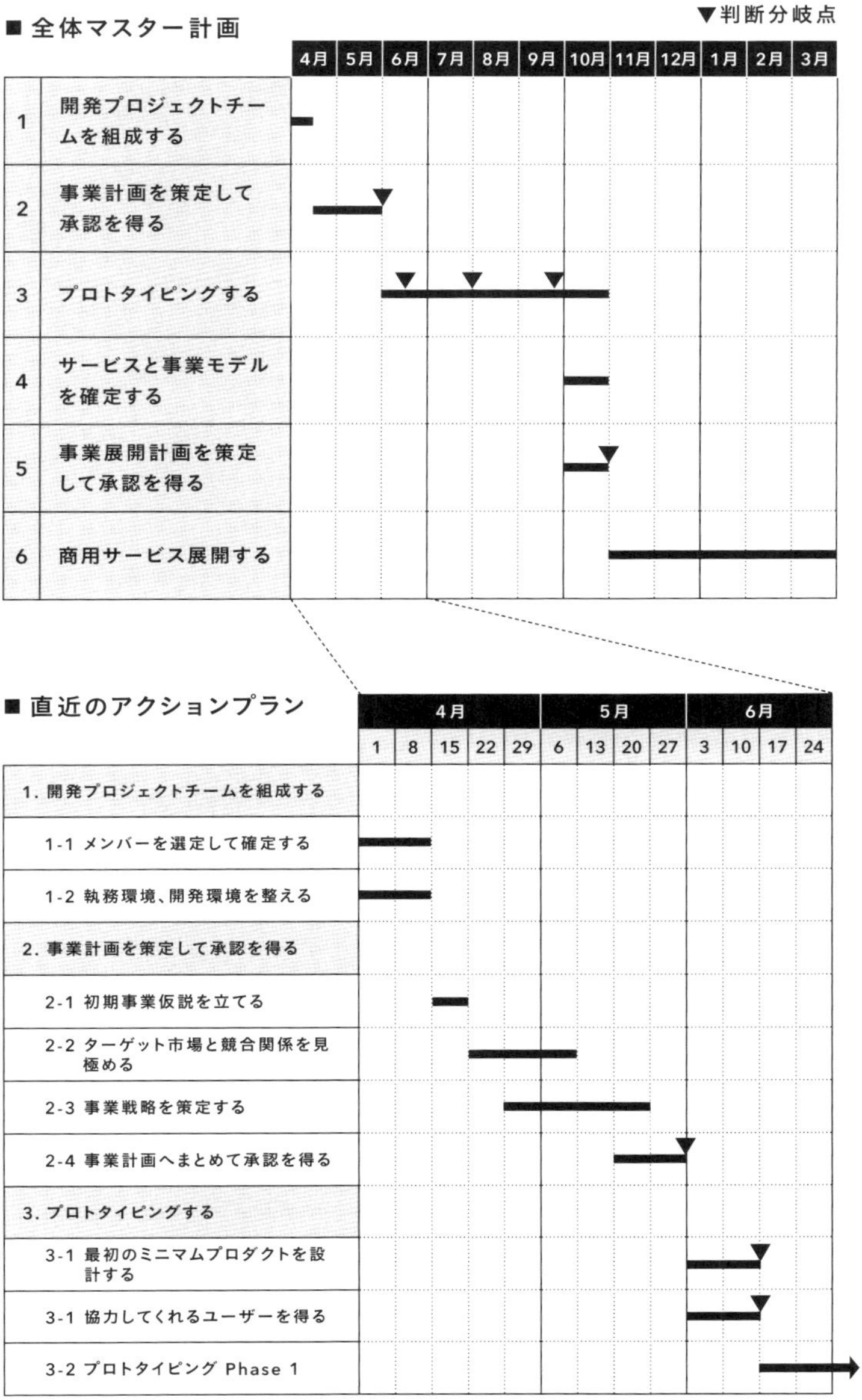

第4章

イシュー思考「実践編1」

巷の問題提起をイシューステートメントへ言語化する

巷《ちまた》では、「問題だ！」と問題提起されながらも、

「何が問題なのか？」

「どんな姿を目指していくからこその問題なのか？」

がとても曖昧なまま「問題だ！」が叫ばれていることが少なくありません。

本来、問題とは、目指す姿と現状とのギャップが問題意識となるはずです。

巷の「問題だ！」は、どんな姿を目指している問題意識なのか？

本節では、イシューを特定して優れたイシューステートメントへ言語化していく手順について具体的に考えていきます。

まず、「問題だ！」と問題提起される時、なんらかの「困りごと」が起点になっています。

ヒトは、なんらかの「困りごと」に直面したり、感じた時に「問題だ！」と声を上げます。

「困りごと」とは、今の状況が自分にとって辛くて困る、といったものから、今後起こり得る変化が自分にとって不都合だから困る、といったものまでいろいろあるでしょう。


この時、「困りごと」を取り除きたい、という気持ちは明確ですが、どう取り除きたいのか、どうなっていたいのかが、多くの場合、明確ではありません。

この「困りごと」をどう取り除きたいのか、どうなりたいのか、すなわち目指す姿がどんな状態なのかが明確でなければ、目指す姿と現状とのギャップも把握できず、問題意識も曖昧なままです。

それでは、イシューを特定できません。


そこで、次のような手順で、「問題だ！」と巷に溢れる問題提起について、イシューを特定してイシューステートメントへ言語化していきます。

この手順の中には、もちろん、イシューであるか否かの吟味も含まれます。

イシューを特定して優れたイシューステイトメントへ言語化する6つの手順

「問題だ！」

i さて、何に困っているのか？
ii どうなりたいのか？　どんな姿になりたいのか？
iii その姿を目指す、「そもそもの目的」は？
iv ということは、あらためて目指す姿は？
v では、どのような切り口で目指す姿を実現するのか？
vi とするとイシューは、どのように言語化されるのか？

わかりやすい事例として、「銀行窓口がＡＴＭに変更され、支店窓口が減らされる」という変化に直面した昭和の時代のケースを取り上げましょう。

当時、「銀行窓口が減って、ＡＴＭへ変更されていくのは、問題だ！」と巷の多くの人々が訴えました。

この「問題だ！」について、右記の手順にしたがって考えてみましょう。

ⓘさて、何に困っているのか？

銀行口座からの引き出しや振込みなどの手続きが、対人対応の窓口から機械対応のＡＴＭへ変更されると、新しい手続きの仕方がわからない、混乱する、やりにくくなる、不便になる、ので「困る！」と訴えました。

ⓘⓘどうなりたいのか？　どんな姿になりたいのか？

手続きの仕方がわかり、混乱なく、やりやすく、便利であってほしいわけですが、それはどんな姿でしょうか？　窓口対人対応を継続する姿なのか、銀行が進めようとしているＡＴＭによる機械対応とする姿のどちらでしょうか？

ⅲ その姿を目指す、「そもそもの目的」は？

窓口対人対応を継続する「そもそもの目的」は、慣れ親しんだ手順を変えることなく、混乱や不便を避けることでしょう。

一方、ATMによる機械対応とする「そもそもの目的」は、現状の窓口対応よりも、待ち時間が少なく、短い時間で、窓口の営業時間外でも、引き出しや振込みなどの手続きを可能にして利便性を向上させることにあるでしょう。

ⅳ ということは、あらためて目指す姿は？

このケースにおける「困る！」は、何かしらの現状変更が進められる時に湧き起こる、典型的な「困る！」です。混乱する、不便になる、苦労する、ということがその「困る！」の内容です。そこから、2つの両極端な「目指す姿」として、現状維持とATMへの移行が描かれました。

「そもそもの目的」に立ち返った時、どちらが「目指す姿」なのでしょうか？

2つの「目指す姿」は、

- 一つは、ATMへの移行を中止して現状を維持し、ATMへの移行に伴う混乱や不便、苦労を避ける
- 他方は、ATMへの移行期における一時的な混乱や不便・苦労を乗り越えてATMを普及させ、将来的には、現状よりも便利でラクな手続きを可能とする

というものです。

ここで、あらためて、目指す姿としてどちらが妥当なのか、吟味しましょう。

本当の「そもそもの目的」は、要するに便利でラクに銀行口座からの引き出しや振込みができる、ということです。このレベルで「そもそもの目的」を捉えると、両者ともに「そもそもの目的」は共通です。

この共通の「そもそもの目的」を判断基準として吟味すれば、ATMへの移行に伴う一時的な混乱や不便や苦労の度合いと、将来、便利さやラクさが大きく高まる度合い、のどちらが勝るのかが判断基準となります。

すると、将来の便利さやラクさの向上のほうが上回ることが明らかなので、より便利でラクなATMへ移行する姿が「目指す姿」になります。

この時、ATMへ移行した結果のインパクトは大きい、そして、ATMへ移行することは問題解決可能ですので、十分にイシューの要件（①解き得る、②解いた結果のインパクトが大きい）を充たします。

したがって、目指す姿は、「移行時における一時的な混乱や不便、苦労を乗り越えて、現状よりも便利でラクな手続きを可能とする」です。

このように「目指す姿」を設定できると、移行期の「困る！」に対策を講じながら、将来さらに便利でラクな状態に至る姿がイメージできます（実際、現在の状況を鑑みれば、ATMへ移行することで、利便性とラクさが格段に向上しました）。

❺では、どのような切り口で目指す姿を実現するのか？

ここまでの手順で目指す姿が明確になりました。この目指す姿を実現するうえで重要なのは、ATMによる機械対応への移行に伴う移行期の混乱、不便、苦労を極小化することです。

要するに、解くべきは、ATMによる機械対応へ移行すべきかどうかではなく、どのように移行期の混乱、不便、苦労を極小化して、ATMによる機械対応へ移行するか、という切り口です。

ⅵ とするとイシューは、どのように言語化されるのか？

思考の手順をここまで進めてきたところで、イシューステートメントへ言語化してみましょう。

「問題だ！」から「困る！」の内容を見極めて、真に「目指す姿」を究明して、それを実現する切り口を特定しました。

この切り口に基づくと、例えば、下記のようなイシューステートメントが立てられます。

「どのような移行プロセスによって、移行初期2年間の混乱、不便、苦労を極小にとどめて、銀行窓口手続きを、よりラクで利便性が高いATMによる機械対応へ移行することができるか？」

イシューを特定していく段階では、特に、期限に関する情報はありませんでしたが、イシューステートメントとして言語化する段階では、期限が定められないと解き方のアプローチを組み立てられないので、期限を具体的に記します。

ここでは、仮に「移行初期の2年間」というタイムラインを追記しました。

このように、目の前の一時的な混乱や不便、苦労に直面して、「問題だ！」という訴えがなされた時、「そもそもの目的」、真に「目指す姿」を究明して、移行した先の世界が、一時的な移行段階における「困った！」よりも嬉しいものなのかどうか、吟味することがポイントです。

実際にこのような切り口を組み立てたり、言語化表現できるようになるためには、いろいろなバリエーションを理解してパターン認識の数を積み上げていく必要があります。本書では、例示を複数挙げていますので、これらを見て、真似て、覚えていくきっかけとしてください。

イシューを特定してイシューステートメントへ言語化していく手順がわかったところで、もう少し大きなテーマである、物価上昇問題、少子高齢化問題についても、応用してみましょう。

実践！　イシュー思考「物価上昇問題」

世界的に物価上昇が進んでいる昨今、巷ではどのような問題提起が聞こえてくるでしょうか。この問題提起について、前節で解説した「イシューを特定して優れたイシューステートメントへ言語化する６つの手順」にしたがって、目指す姿を明らかにし、イシューを特定していきましょう。

❶さて、何に困っているのか？

☑ 物価上昇は困る
☑ 生活費がかさむ、生活が苦しくなる
☑ 物価が上昇しても、それほど給料は上がらない
☑ どんどん暮らし辛くなる

といったことでしょう。

ⅱ どうなりたいのか？　どんな姿になりたいのか？

「物価上昇が困る」のであれば、目指す姿として、2つのパターンがあり得ます。

ⓐ 世界の物価が上昇しても、国内物価が上がらない経済社会
ⓑ 国内物価は世界と同調して上がるが、収入も上がる経済社会

このパターンⓐ、ⓑについて、一例として目指す姿を言語化してみると、

ⓐ「世界の物価が上昇しても、国内の物価上昇を年率1％以内に抑える」
ⓑ「世界の物価上昇に同調して国内の物価が上昇しても、物価上昇に同調して賃金・収入も上昇する」

となるでしょう。

ⅲその姿を目指す、「そもそもの目的」は？

目指す姿の方向として、２つのパターンがあります。

この２つの目指す姿について、その「そもそもの目的」を再確認します。

「物価上昇を１％以内に抑える」「賃金・収入が物価上昇に同調して上昇する」という姿を目指す「そもそもの目的」は何でしょうか？

それは、究極的には、「経済的に苦しい生活を送りたくない、将来の不安なく生活したい」と、どちらのパターンにも共通の目的です。

ということは、「そもそもの目的」は共通で、この「そもそもの目的」を実現する手段となる「目指す姿」が2パターンあり得る、ということです。

ⓘⓥということは、あらためて目指す姿は？

それでは、あらためて「そもそもの目的」を言語化してみると、「世界の物価が上昇しても、生活が経済的に苦しくならず、将来の不安もないようにする」と書き下されます。

この言語化された「そもそもの目的」に、ⓐⓑ2パターンの手段となる「目指す姿」を追記して、イシューステートメントへ書き下してみると、

ⓐ「いかにして、**世界の物価が上昇しても、国内の物価上昇を年率1%以内に抑制して、**生活が経済的に苦しくならず、将来の不安もないようにするか？」

ⓑ「いかにして、**世界物価の上昇と同等水準に国内物価が上昇しても、物価上昇に同調して賃金・収入を上昇させて、**生活が経済的に苦しくならず、将来の不安もないようにするか？」

と表現できます。

ここで、それぞれがイシューの要件を満たしているか、確認しましょう。

イシューの要件は、「①解き得る」かつ「②解いた結果のインパクトが大きい」でした。

ⓐⓑ共通の「そもそもの目的」である「生活が経済的に苦しくならず、将来の不安もなく暮らしを続けられるようにする」が実現すれば、十分にインパクトが大きいので、ⓐⓑともに、②解いた結果のインパクトが大きい、を充たします。

では、ⓐⓑの手段に関わる仮説について、①解き得るか、検証を続けましょう。

ⓐの「世界の物価が上昇しても、国内の物価上昇を年率1％以内に抑制して」は、解き得る手段でしょうか？

日本は、エネルギーや食料を海外から大量に輸入しており、その購買・輸送費用は、海外（現地の）物価レベルに連動しています。

したがって、エネルギー・食料を始めとする輸入品の価格上昇を前提として、国内の物価上昇を年率1％以内に抑えるためには、世界の物価上昇と、国内の物価レベルが切り離された経済構造にする必要があります。

すなわち、エネルギー・食料などの輸入量を、輸入品の価格上昇が国内の物価上昇に影響を及ぼさない程度まで抑え込めるか、という検証になります。

もちろん、再生可能エネルギーによってエネルギー自給率を１００％にできれば、エネルギー輸入量はゼロとなりますし、農業技術などの革新によって、食料自給率を１００％に近づける可能性もありますが、それには何十年もの期間がかかって手遅れです。

すなわち、ⓐは解き得ないので、イシューとは特定されません。

一方、ⓑの「物価上昇に同調して賃金・収入が上昇する経済社会として」は、解き得る手段でしょうか？

賃金水準は、企業が自ら決めることなので解き得ます。

企業は、「できるならば人件費をそこそこに抑制して利益を確保したい」と考えますが、人件費を抑えて、必要とする人材が集められないのであれば、事業活動の継続に黄色信号が灯ってしまいます。したがって、企業は、事業活動の継続に必要となる人材が確保できる水準の賃金を支払います。

ゆえに、ⓑは解き得ます。

つまり、ⓐⓑの手段の仮説まで含めて考えると、イシューと特定できたのは、ⓑの「いかにして、世界物価の上昇と同等水準に国内物価が上昇しても、物価上昇に同調して賃金・収入が上昇する経済社会にして、生活が経済的に苦しくならず、将来の不安もないようにするか？」です。

ⓥでは、どのような切り口で目指す姿を実現するのか？

それでは、あらためて、右記のイシューを精読して、どのような切り口で目指す姿を実現するのか、考察を進めましょう。

実現すべきは、「物価が上がれば、賃金・収入も物価上昇のレベルに同調して上昇する」経済社会です。そうなれば、現状よりも経済的に生活が苦しくなることはなくなり、将来の暮らしに対する不安も増えることはないでしょう。

とすると、解くべき問題の核心は、「同調して」とはどんな状態なのか？　です。

なぜ、これが解くべき問題の核心と言えるのでしょうか。

大きなマクロ経済のサイクルとして考えれば、物価が上昇すれば、ある時点で賃金・収入レベルも上昇します。

とはいえ、「ある時点」までの時間差が大きくなると、物価が上がっても賃金・収入が上がっていかない期間が長くなって、人々の生活は苦しくなります。

したがって、この時間差を極小化することが、前述の「同調した」状態です。

職種によって、物価上昇のトレンドを取り込みやすい職種と、そうでない職種がありますが、国全体の物価上昇問題を扱うのであれば、さまざまな職種の全体を含めて「いかにして、物価上昇と賃金・収入アップの時間差を極小化できるか?」が、目指す姿の実現に向けた問題解決の核心です。

ⓥⓘ とするとイシューは、どのように言語化されるのか?

ここまで、イシューを特定する手順を進めてきた仕上げとして、イシューステートメントへ言語化しましょう。いくつかの例を記します。

仮置きの期限としてタイムライン（期日）も追記します。

「世界の物価上昇と同等水準に国内物価が上昇しても、さまざまな職種にわたる賃金・収入レベルも物価上昇と時間差なく同調して上昇し、経済的に苦しくならず、将来の不安もなく暮らせる社会へ、今後1年間で、どのように移行するか？」

ここで使った「どのように移行するか？」というワーディングは、イシューステートメントを書く「取っ掛かり」として汎用性が高く、非常に使い勝手が良いものです。

この例のように、大きなチェンジを目指す場合に適しています。このままでもイシューステートメントとして成立しますが、もう少し工夫を加えてみましょう。

まず、「どのように移行するか？」の部分を「どのようにソフトランディングするか？」に変えてみます。この表現は、ある状態から別の状態へ移行する際には、何かしらの不都合や障害、痛みを乗り越える必要があるだろうという想定に基づいています。

これらを乗り越えるための知恵を絞って、受け容れ可能な実現方法を考える必要があるというニュアンスが滲み出るように「ソフトランディング」と表現しました。

さらに、より具体的な仮説を盛り込んで、「どのように企業活動と雇用環境の構造転換を進めてソフトランディングするか？」といった表現もできます。

これは、問題解決の範囲（ソリューションスペース）をどう捉えるか、に関する仮説を含めた表現です。

時間差なく同調して賃金・収入水準が上がるためには、企業活動や雇用環境にまで遡って構造転換していくことが必要で、これを進めていく施策が求められるだろうという仮説です。

ソリューションスペースを企業活動や雇用環境の構造転換を含むよう拡げたので、期限を3年へ延ばして、最終的に出来上がったイシューステートメントは次の通りです。

「世界の物価上昇と同等水準に国内物価が上昇しても、さまざまな職種にわたる賃金・収入レベルも物価上昇と時間差なく同調して上昇し、経済的に苦しくならず、将来の不安もなく暮らせる社会へ、今後3年間で、どのように企業活動と雇用環境の構造転換を進めてソフトランディングするか？」

「物価上昇は困る！」といった巷の「問題だ！」から、6段階の手順を踏むことによって、イシューを特定し、より具体的に問題意識の核心を確認し、問題解決を進める方向性やソリューションスペースの仮説までを含むイシューステートメントへ、言語化することができました。

ここまでイシュー思考を進めた段階で、巷で「物価上昇対策」として議論されている数々の施策を検証してみるのは、とても良い思考実験になります。

実践！　イシュー思考「少子高齢化問題」

次に、長年叫ばれている少子高齢化問題について考えてみましょう。

少子高齢化について、どのような問題提起が聞こえてくるでしょうか。

ここでも「イシューを特定して優れたイシューステートメントへ言語化する6つの手順」にしたがって、目指す姿を明らかにし、イシューを特定していきましょう。

i さて、何に困っているのか？

☑ 人口が減少する
☑ 高齢者へビーな年齢構成ピラミッドになる
☑ 労働力が足りなくなる
☑ 高齢者を介護・サポートする人手が不足する

☑ 介護施設、病院などのインフラが不足する
☑ 高齢者の介護・サポートのために、家族が人生設計を変更しなくてはならない
☑ 社会保障制度（健康保険、年金）の存続が厳しくなる
☑ 次世代の税負担が重くなる

他にもまだまだあり得ますが、主にこのようなことでしょう。

ⅱ どうなりたいのか？　どんな姿になりたいのか？

「出生数の減少」が少子高齢化の起点なので、目指す姿の方向として、2つのパターンがあり得ます。

ⓐ 出生数を増やして人口が減少しない社会（にして問題を解消）
ⓑ 人口が減少して、高齢者へビーな年齢構成ピラミッドがより進んでも、労働力が不足することなく、高齢者の介護・サポートのインフラと人手が十分に足りて、次世代にとって許容範囲の税負担で社会保障制度が存続している社会

iii その姿を目指す、「そもそもの目的」は？

ii において、目指す姿の方向として、2つのパターンがありました。

この2つの目指す姿について、その「そもそもの目的」は何でしょうか？

☑ 国力・経済基盤を維持して、世界における日本の経済的・政治的なプレゼンス、影響力を維持する
☑ 必要な労働力が充足されている
☑ 高齢者が、不安なく十分な介護・サポートを得ながら生活する
☑ 次世代が、過度な税負担や高齢者の介護・サポートのために、将来の可能性を制約されたり、不自由な生活を強いられたりしない
☑ 次世代が高齢化していく次の時代においても、十分な社会保障制度が維持されている

などでしょう。

一つ目に挙げた「世界における日本の経済的、政治的なプレゼンス、影響力を維持する」

は、パターンⓐ「出生数を増やして人口が減少しない社会にして、問題を解消する」における特有の目的となりますが、残りの目的については、パターンⓐⓑで共通の目的です。

ここで、「そもそもの目的」一つ目の「世界における日本の経済的、政治的なプレゼンス、影響力を維持する」については、その前提としている「人口の大きさが国力・経済基盤の大きさを表す」という考えが、必ずしも正しいとは言えないので除外します。

これは、現在の日本よりも人口が少ないドイツ、フランスなどのプレゼンスや影響力を鑑みれば、明らかです。

とすると、2つの目指す姿における「そもそもの目的」は、共通して同じものとなりました。

あらためて、最初に目指す姿として記したⓐとⓑを比較すると、人口減少のトレンドを反転させて人口を維持し、さらに、人口が増加する社会を目指すのか。それとも、人口減少を与件として受け容れるのか、です。

問題解決の方向（仮説）が全く違っていることがわかります。

ⅳ ということは、あらためて目指す姿は？

それでは、あらためて「そもそもの目的」を反映した目指す姿を言語化して、イシューステートメントへ書き下してみると、

ⓐ「いかにして、**人口が減少しないレベルまで出生数を上げて、**必要な労働力が充足され、高齢者が不安なく十分な介護・サポートを得ながら生活し、次世代にとっては、過度な税負担や高齢者の介護・サポートのために将来の可能性を制約されたり不自由な生活を強いられたりせずに、将来も十分な社会保障制度が維持される社会とするか？」

ⓑ「いかにして、**人口が減少して、高齢者へビーな年齢構成ピラミッドがより進んでも、**必要な労働力が充足され、高齢者が不安なく十分な介護・サポートを得ながら生活し、次世代にとっては、過度な税負担や高齢者の介護・サポートのために将来の可能性を制約されたり不自由な生活を強いられたりせずに、将来も十分な社会保障制度が維持される社会とするか？」

となります。

これらのイシューステートメントが、イシューの要件を満たしているか、確認しましょう。

イシューの要件は、「①解き得る」かつ、「②解いた結果のインパクトが大きい」でした。

まず、ⓐⓑの双方ともに、解けた結果のインパクトは大きいと認められます。

では、ⓐについて、問題解決の大きな方針とされている「人口が減少しないレベルまで出生数を上げる」は、①解き得る、でしょうか。

出生数をどう上げるかについては、若年層の労働環境や生活環境、ジェンダーギャップ、結婚や出産に対する価値観、人生観、家族関係など、膨大かつ個人の価値観に大きく依存する問題が絡み合っているので、解決は容易ではありません。

仮に、これを解いて、来年に人口減少から人口増大に転じたとしても、労働人口が増えるまでには少なくとも20年以上の年月を要するので、喫緊の問題解決には間に合いません。

日本が今、「産み育てにくい社会」であるがゆえに出生数が減少している問題は、取り組むべき課題ではありますが、出生数を上げる方向で差し迫っている高齢化問題を解くことは不可能です。

したがって、ⓐはイシューとは特定できません。

一方、ⓑについては、人口減少を前提としても、解き得るものと考えられます。この場合、社会全体としての不利益の総量をできる限り小さくしたうえで、それを世代間で再分配する折り合いをつけて、目指す姿を達成することになるでしょう。具体的にはより詳細なシミュレーションが必要となりますが、なんらかの解（落としどころ）は得られるものと考えられます。

したがって、ⓑはイシューの要件を充足します。

ⓥでは、どのような切り口で目指す姿を実現するのか？

あらためて、イシューⓑを精読して、どのような切り口で目指す姿を実現するのかを考察します。

イシューとして特定されたⓑの目指す姿では、

☑ 若年層人口が減っても、労働力が不足しない

☑ 高齢者に対する介護・サポートを提供する人手とインフラが充足される
☑ 次世代の税負担、社会保障費負担が、経済的に許容範囲内に収まる
☑ 高齢者の介護・サポートのために、家族の人生設計や生活選択について、将来の可能性を制約されたり不自由な生活を強いられたりしない

でした。

現状は、目指す姿とは反対の方向に悪化しています。

その根源的な問題は何なのでしょうか。

将来、どのような社会構造を目指すべきで、その社会構造と現状とのギャップはどうなのか、さらに探究を進めましょう。


一つの視点は、高齢者にも、手厚い介護・サポートが必要なヒトから、健康でまだまだ働き続けていけるヒトまで、さまざまなヒトがいる点に着目することです。

前述のイシューステートメントは、「高齢者比率が増えると労働力として担い手の割合が減って、次世代の負担増となる」「高齢者が増えると手厚い介護・サポートが必要なヒトが増える」という想定を前提としています。

高齢者にもさまざまなヒトがいることを考えた時、この前提は、将来も変わることなくそのままなのでしょうか？　あるいは、変更する可能性はないのでしょうか？

あらためて考察すると、高齢者が増える中でも、健康で働き続けられる高齢者の数を増やして、手厚い介護・サポートが必要なヒトの数を抑制することができれば、前述した前提が変わって、よりシンプルに問題解決できるはずです。

すなわち、現状とのギャップは以下のようになるでしょう。

☑ 高齢者の健康寿命が延びて、労働可能な期間が延びる。高齢者となっても働き続けるヒトが増える

☑ 介護・サポートが必要となる期間が短縮される

これらが実現すれば、高齢者に対する医療および介護・サポートの必要ボリュームが抑制されて、医療費総額と介護費用も削減され、同時に、医療・介護・サポートに関わるインフラの逼迫が回避されます。

そして、高齢者による労働参加の拡大によって、労働力の充足と社会保障制度の払い手の割合も拡大して、社会保障制度の存続・維持もしやすくなるでしょう。

これは、問題解決の方向性に関わる仮説です。

実際にはどの程度、健康寿命を延ばし、介護期間を短縮し、高齢者で労働を継続するヒトの割合が増えると目指す姿が達成されるのか、定量的にシミュレーションして、目指す姿を具体化することが求められます。


補足ですが、問題解決の範囲（ソリューションスペース）をもっと拡げるならば、将来における適正規模の人口はどの程度なのか、あるいは、人口を補完するために移民をどの程度まで受け容れるか、といった観点も取り入れる必要があるでしょう。

しかしながら、本書では「イシューの特定から優れたイシューステートメントとする6つの手順」の解説を主眼とするため、これらの点は割愛して、高齢者サイドの切り口に焦点を当てて議論を展開しました。


通常イシュー思考を進めていく際には、解決策の自由度が拡がるよう、ソリューションスペースを広く取って、設定します。

一方、ソリューションスペースを拡げすぎると議論が大きくなりすぎて取り扱いにくくなる場合には、ソリューションスペースを区切って、問題解決を切り分けて始動させます。

この辺りの使い分けも、経験を積みながら体得していくスキルです。

ⅵ とするとイシューは、どのように言語化されるのか？

ここまで、イシューを特定する手順を進めてきた仕上げとして、前述した仮説を組み込んだイシューステートメントへ言語化してみましょう。

一例として、

「いかにして、10年後までに、高齢者における平均健康寿命をXX歳以上、平均介護期間をXX年未満、65歳以上高齢者の労働継続割合をXX％以上にして、必要な労働力が充足され、高齢者が不安なく十分な介護・サポートを得ながら生活し、次世代は過度な税負担や高齢者の介護・サポートのために、将来の可能性を制約されたり不自由な生活を強いられたりせずに、将来も十分な社会保障制度が維持される社会とするか？」

と表すことができるでしょう。

やや長い表現になってしまっているものの、イシューを具体的に記述するとともに、解決の方向の仮説が組み込まれたイシューステートメントです。

少子高齢化問題は、重大な「問題だ！」という問題意識について、6段階の手順を踏んでイシューを特定してイシューステートメントへ言語化しました。

このケースでは、現状とのギャップについて深く考察することによって、問題解決の方向を「健康寿命の延長」「介護期間の短縮」「高齢者の労働継続割合の拡大」とする仮説を立てて、問題解決が始動されるよう言語化しました。

少子高齢化問題に関わる巷の議論や数々の施策が、これらのポイントにどれだけ重点をおいて取り組もうとしているのか、あるいは、この仮説を反証して、別の仮説に基づく解決法へ注力しているのか、はたまた、目の前の不足や不満に対する対症療法にとどまってはいないかと検証してみると、これもまた良い思考実験になるでしょう。

「イシューを特定して優れたイシューステートメントへ言語化する6つの手順」を振り返る

「問題だ！」と巷に溢れる問題提起について、イシューを特定してイシューステートメントへ言語化していく6つの手順を、3つの例（銀行窓口業務のATM移行問題、物価上昇問題、少子高齢化問題）を挙げて紹介しました。

あらためて、「イシューを特定して優れたイシューステートメントへ言語化する6つの手順」における視点をまとめます。

「問題だ！」

❶さて、何に困っているのか？

☑ 何が困るから問題なのか？　考えられる「困りごと」を書き出す

☑ 書き出された「困りごと」について、似たもの同士をグルーピングして、並べ替えて整理する

ⅱ どうなりたいのか？　どんな姿になりたいのか？

☑ グルーピングして整理された「困りごと」のリストを俯瞰する

☑「困りごと」を回避した「目指す姿」を言語化する

ⅲ その姿を目指す、「そもそもの目的」は？

☑ ⅱで挙げられた「目指す姿」（が複数出てきた場合は、それぞれ）の「そもそもの目的」は？

ⅳ ということは、あらためて目指す姿は？

☑「そもそもの目的」が複数パターン出てきた場合、本当の「そもそもの目的」（最も本質的

な目的）は何か？

☑（本当の）「そもそもの目的」を判断基準とすると、「目指す姿」はどうなるか？

☑その「目指す姿」は、イシューの要件（解き得て、解いた結果のインパクトが大きい）を充足するか？

❺では、どのような切り口で目指す姿を実現するのか？

☑問題解決の範囲（ソリューションスペース）をどの程度の広さで考えるのか？

☑現状が「目指す姿」となっていないのはなぜか？

☑解くべき問題の核心はどこか？

❻とするとイシューは、どのように言語化されるのか？

☑（本当の）「そもそもの目的」を反映した「目指す姿」、さらに、問題解決の範囲（ソリューションスペース）、問題解決の方向についての仮説を反映して、イシューステートメントへ言語化する

☑ 書き下したイシューステートメントから問題解決が始動されるか？

「イシューの特定から優れたイシューステートメントへ言語化する6つの手順」において、このような視点を意識して自問自答、あるいは、チームメンバー間で議論を進めていくと、非常に効率的にイシューの特定が進みます。

そして、そのイシューが、「そもそもの目的」を反映した「目指す姿」、問題解決の範囲（ソリューションスペース）、さらに、問題解決の方向仮説まで組み込まれたイシューステートメントへ言語化されると、問題解決を進める仮説思考が起動されます。

言うまでもありませんが、ここで言語化された問題解決の範囲（ソリューションスペース）と問題解決の方向は、仮説思考における「仮説」ですので、間違っていても全く問題ありません。仮説思考を進めていく道筋で書き換えアップデートされていくからです。

最も大事なのは、イシューを特定した段階のイシューステートメントが、イシュー思考および仮説思考を、勢いよく始動できるものとなっていることです。

第5章

イシュー思考「実践編2」

第5章の読み方

本章では、実際の知的生産活動の場面で、具体的にどのようにイシュー思考を実践していくのか、みなさんが読んでイシュー思考を体感できるよう、具体的なケースを取り上げて記述していきます。

ここまで解説してきた内容をフルに活用して、イシュー思考していく頭の使い方を、できる限り具体的に書き下ろしました。

具体的な記述の内容は、経験知に基づく仮説であったり、実際によくある事例から持ってきたものであったりするので、「どうしたらそういうアイディアが出てくるのか」と、唐突に感じられることもあるかもしれません。

さらに、イシュー思考に関わるすべての内容が詰まっているので、本章は多少難しく感じられるかもしれません。

唐突な具体化と感じられたところは、経験知やよくある事例に基づく例示にすぎないと捉えて読み進めてください。本章を読んでから、第4章までを反芻すると、さらにイシュー思考の理解が進むはずです。

一方、本章が難しく感じられてなかなか読み進められないと感じたら、一旦、本章は読み飛ばしてください。第1章～第4章までを理解してイシュー思考をトライできるようになれば、まずは十分です。

目指す姿を具体化する

イシュー思考は、あらゆる知的生産の場面で有用ですが、最もよく使われるのは、やはり、企業におけるさまざまな問題解決のシーンでしょう。

本章では、「業績不振となっている企業の立て直し」をケースとして、イシュー思考していきましょう。

A社は、現在、左記のような状況です。

> 過去30年間にわたり、企業向けの社内システムの保守・運用サービスの提供を主要事業としてきたが、直近5年間は、売上・利益ともに減少傾向。いよいよ大規模なエンジニアのリストラを考えざるを得ない段階。10年後の会社の姿は不透明で、このままでは、会社の存続さえ危うい。

このような状況で、さまざまな問題提起が生じてきます。
その具体例として、

☑ 現状の事業路線を維持しながら、なんとか売上・利益の減少傾向を食い止めて、事業の立て直しをすべき
☑ 事業を抜本的に組み替えて、売上・利益の成長を期待できる事業へシフトすべき
☑ 大規模なエンジニアのリストラは避けるべき
☑ 先行きが不安で給料も上がらないため、エンジニアの離職が止まらない、新規採用も進まない状況から脱するべき
☑ 現従業員のスキルとミスマッチになるような大胆な事業シフトは避けて、雇用をできる限り守るべき

といった問題提起です。

このような状況におけるA社の目指すべき姿は、大きく次の3通りが考えられるでしょう。

シナリオ1：現状の事業路線を維持しながら、縮小均衡して延命する
シナリオ2：売上・利益の成長を見込める市場・事業へ大胆に事業構造をシフトして、企業として継続・成長していく
シナリオ3：会社としての損失を最小限に抑えて事業撤退・クローズする

この目指す姿の3つのシナリオは、いずれも現状とは大きなギャップがあります。このような姿を目指す問題意識は、言うまでもありませんが、現状のままでは企業として立ち行かず、顧客、従業員、役員、株主などにとって大きな不利益となってしまう、というものから生まれているものです。

3つの目指す姿のシナリオは、それぞれ、

- 不利益を最小限にとどめる（シナリオ1）
- 不利益を解消する（シナリオ2）
- 誰かに相当の不利益を負わせる（シナリオ3）

です。

シナリオ1は、顧客、従業員、役員、株主などの間で、不利益を受け容れられる範囲まで小さくして、それぞれが不利益を一定量受け容れるシナリオ。

シナリオ2は、既存の顧客や従業員に一定量の不利益は生ずるものの、未来の顧客や従業員、役員、株主などにとっては不利益を解消するシナリオ。

シナリオ3は、会社がどうにも立ち行かないことを顧客、従業員、役員、株主などへ説明したうえで、少なくはない不利益を負わせるシナリオ。

まず、この3つのシナリオについて、どのような順番でイシュー思考していくのか考えます。

例えば、「不利益全体の大きさ」を判断基準とすると、最も「不利益全体の大きさ」が小さいのがシナリオ2、その次がシナリオ1、最後がシナリオ3となるでしょう。

したがって、まずシナリオ2の可能性を追求して、これが実現可能となる道筋があれば、その道筋にしたがって具体的に進めます。

そのうえで、シナリオ2の可能性が具体的に見出せない、あるいは、可能性があると思って進んだ道筋の途中でギブアップしなくてはならない状況に直面してしまった際には、シナリオ1の可能性を追求し、さらにシナリオ1も難しいとなった場合には、シナリオ3を進める、となります。

このように、目指す姿として複数のシナリオがあり得る場合は、どのシナリオから優先して、どの順番でイシュー思考していくかを判断します。

そして、一番優先順位が高い目指す姿について、イシューステートメントを初期設定してイシュー思考を始動します。

一つの目指す姿についても、イシューステートメントの初期設定にはいくつものバリエーションがあり得ます。正解は一つではありません。

重要なのは、初期設定されたイシューステートメントから、イシュー思考、仮説思考がどんどん展開して、イシューステートメントが次々と書き換えアップデートされていくものであることです。イシューステートメントの初期設定が異なったとしても、目指す姿へと至ればすべて正解です。

イシューステートメントの初期設定においては、シンプルな問いからスタートしても、イシューアナリシスを進めるなかで、より具体的な内容を盛り込んだものに書き換えアップデートしていくことが可能です。

では、本ケースの場合、イシュー思考を始動するイシューステートメントはどのように設定されるでしょうか。

まず、イシューステートメントの初期設定を、

「当社は、どのような選択肢を取れば、事業継続して成長できるか？」

としましょう。

このイシューステートメントは、まだまだ抽象的で、第2章で解説したような具体的な仮説に裏づけられた表現とはなっていません。

実際の問題解決の場面でも、このようにまだ具体的な仮説が立っていない段階では、まず、シンプルな問いをイシューステートメントとして初期設定して、次のサブイシューへ展開していく段階で、切り口の仮説を出していくことがよくあります。

参考までに、シナリオ1を追求することとなった場合には、次のようにイシューステートメントを初期設定して、イシュー思考を始動します。

「当社は、どのような選択肢を取れば、従業員の大きな不利益を避けつつ、事業継続可能な事業の縮小均衡へソフトランディングできるか？」

同様にシナリオ3の場合なら、次のようにイシューステートメントを初期設定して、イシュー思考を始動します。

「当社は、どのような選択肢を取れば、当社の損失を最小限に抑えて事業クローズできるか？」

それでは、本ケースについて、事業構造のシフトを模索するシナリオ2の、

「当社は、どのような選択肢を取れば、事業継続して成長できるか？」

とイシューステートメントを初期設定して、イシュー思考を始動しましょう。

まず、「将来の事業可能性の見極め」分析を進めて、目指す姿の全体像とともに、その具体的なイメージを表す内容については、規模感や大きさ・程度にまで、できる限り定量化してゴール設定します。

その次に、どうして現状のような不都合な状況に至ってしまったのか、なぜ目指す姿にすることができなかったのか、その根源課題を見出すイシュー思考を進め、具体的な問題解決策を組み立てていきます。

ここでとても大事なのは「将来の事業可能性の見極め」と「当社が過去から抱えてきた根源課題」の双方を明らかにすることが、実現可能な解決策の策定に不可欠である、ということです。

事業改革に向けた問題解決が進められる場面において、「将来の事業可能性の見極め」ばかりに注力してしまい、「当社が過去から抱えてきた根源課題」が何で、どう解決するのかが軽視されてしまった結果、実行段階になってから多大な苦労の連続となってしまったり、最悪の場合、頓挫してしまう事例が少なからず見られます。

この「当社が過去から抱えてきた根源課題」を解決する糸口を見出すことが、目指す姿を実現して目的達成するためにとても重要です。

第3章で解説したように、この根源課題を解決できれば、複雑な問題もシンプルに解決できるようになります。

逆に、この根源課題を解かずに放置したまま、表層的な部分で問題解決を進めていこうとすれば、一時的に問題が解決されたように見えても、また次々と問題や障害が起こってしまいます。

そうなると、場当たり的なモグラ叩きの連続となってしまうので要注意です。

それでは、まず「将来の事業可能性の見極め」からイシュー思考を進めていきます。どのようにサブイシューへ展開してイシューを体系化していくのか、一緒に考えていきましょう。

「将来の事業可能性の見極め」について、サブイシューへ展開していく

初期設定したイシューステートメント、

――「**当社は、どのような選択肢を取れば、事業継続して成長できるか？**」

を、「将来の事業可能性を見極める」という視点でサブイシューへ展開していきます。

サブイシューへ展開していくコツは、

①MECE分解ではなく、必要条件の羅列でもなく、目的達成の十分条件のセットとなるようサブイシューを展開する

②各サブイシューは解ける切り口とする。解けないと判明したら、解けるサブイシューの切

り口のセットへ組み替える

③イシューを解くために必要となる要因であっても、サブイシューとして問題解決・検証する必要がない要因は、サブイシューとしない

④一つの上位イシューに対するサブイシュー展開は、3～7個以内に収まるよう展開する

⑤最後に、サブイシューおよびサブサブイシューのすべてが解ければ、イシューが解けるために必要な項目をすべてカバーする十分条件となっているか、確認する

の5つでした。

1段目のイシューステートメント、

――――

「当社は、どのような選択肢を取れば、事業継続して成長できるか？」

を、2段目のサブイシューへ展開していく際に、できるだけ具体的な仮説を立てて展開していきます。

サブイシュー展開の切り口として、「どのような選択肢を取れば……」を、「どのような市場を選択すれば、事業継続して成長できるか？」と捉えて、3つのサブイシュー＋1へ展開した

例が下記です。


―**サブイシュー1**―「現在注力している市場にとどまっていてはジリ貧なのではないか?」

―**サブイシュー2**―「今後市場成長する工場向けのAI・データドリブンオペレーションを支えるシステム実装・運用サポートへ注力することが有望ではないか?」

―**サブイシュー3**―「リソース制約がある中、今後の5年間で、どのように事業の注力領域のシフトを完遂するか?」

―**サブイシュー+1**―「上記よりも有望な注力領域があるのではないか?」

このサブイシュー展開は、

☑ 現在注力している市場には成長機会がない
☑ 工場向けにAI・データドリブンオペレーションを支えるシステム実装・運用サポートする市場は成長が期待される
☑ 当社も参入可能であるものの、求められるスキル要件が、現状のスキル要件とは異なるため、この市場へ注力をシフトしていくためには5年間程度の移行プロセスが必要となるという仮説に基づいた展開です。

そして、サブイシュー＋1「上記よりも有望な注力領域があるのではないか？」は、常に頭の片隅に意識しておきます。通常、あからさまには記述しませんが、今回は備忘録的にあえて追記しました。

そして、仮説として着目する「工場向けのAI・データドリブンオペレーションを支えるシステム実装・運用サポート」市場を分析・検証していく道筋で、より有望な別の市場が見出されたら、もちろん注力市場の仮説も書き換えていくのです。

このような具体的な仮説を案出するためは、

図5-1　切り口仮説に基づいてサブイシューへ展開

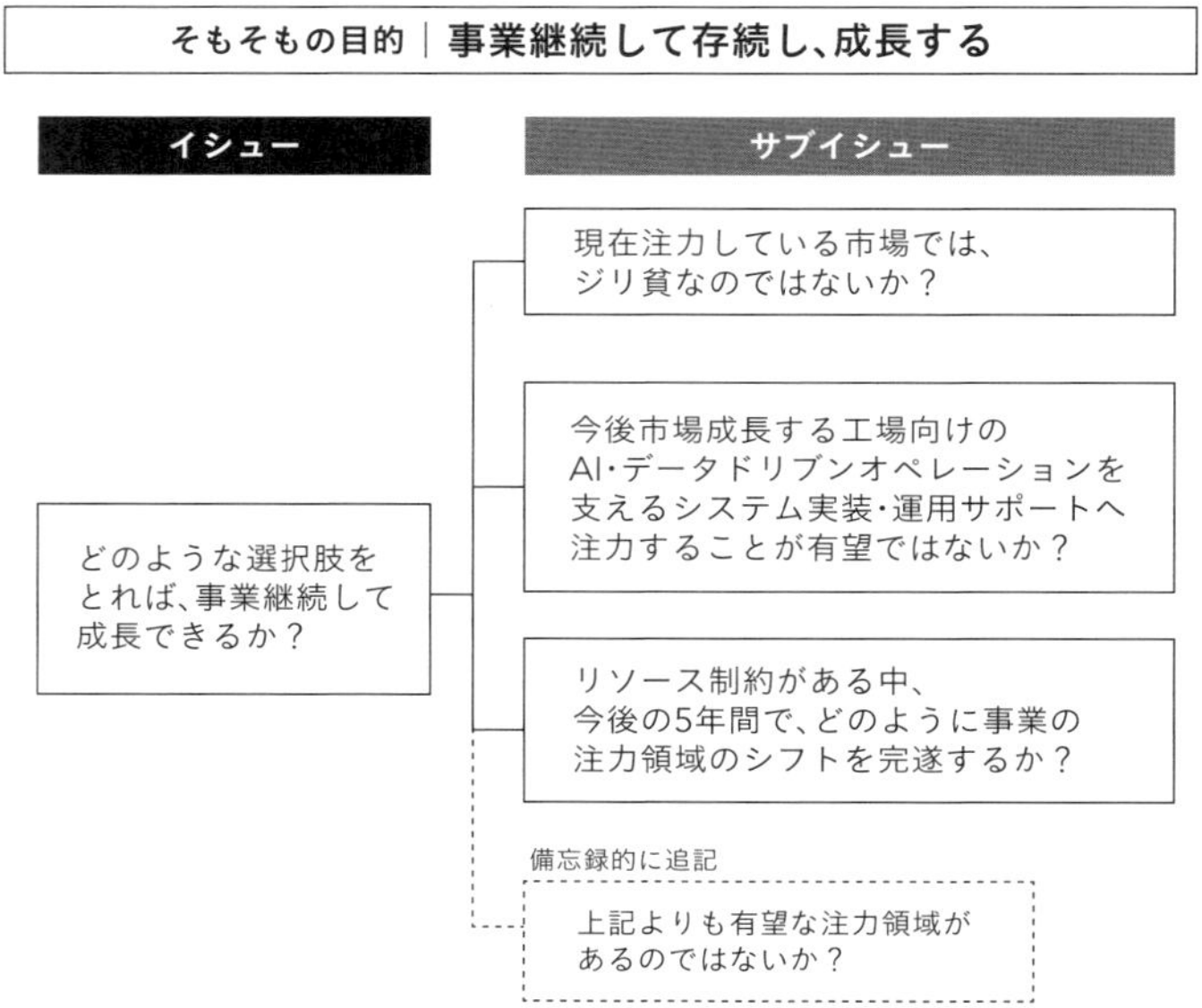

そもそもの目的｜事業継続して存続し、成長する
イシュー
サブイシュー
現在注力している市場では、ジリ貧なのではないか？
今後市場成長する工場向けのAI・データドリブンオペレーションを支えるシステム実装・運用サポートへ注力することが有望ではないか？
どのような選択肢をとれば、事業継続して成長できるか？
リソース制約がある中、今後の5年間で、どのように事業の注力領域のシフトを完遂するか？
備忘録的に追記
上記よりも有望な注力領域があるのではないか？

経験や知識の蓄積に基づく経験知が必要ですので、ここでは、このような仮説が立ったとして、受け止めてください。

経験や知識を積み上げながら、具体的な仮説が案出できるバリエーションを増やしていってください。

ここで、あらためてサブイシューへの展開の仕方を振り返ってみましょう。

2段目の展開は、①現状のままではジリ貧なので、②今後、成長する◯◯市場に成長機会があり、③当社はその市場を獲得して成長することが実現可能、という展開です。

言い換えると、現状から変わらなくてはならない、という「現状の理解」が①で、とすると今後はここに可能性があるのではないか？　という「解釈」が②で、さらに、当社はその機会を得ることができるという「判断」の③に至る展開、すなわち、「現状理解」→「解釈」→「判断」というストーリー展開となっています。

このストーリー展開は、一般的に「空・雨・傘」（空が曇っている→雨が降るだろう→傘を持っていこう）と呼ばれているもので、サブイシュー分解をする際に最もよく使われる手法の一つです。

このように、2段目のサブイシューは、セットとして1段目のイシューステートメントを解いて答えに至る十分条件となっていると同時に、互いがストーリー性のあるつながりを持っています。ここが、MECE分解やフレームワークに基づく項目分解とは異なる点です。

一方、**結論を説明するもう一つの論理構成として**「**並列型**」があります。

この「並列型」は、並列する複数の根拠がセットとして揃うと、結論を証明する十分条件となる論理構成であり、個々の根拠の間には、

図5-2　空・雨・傘のストーリー展開

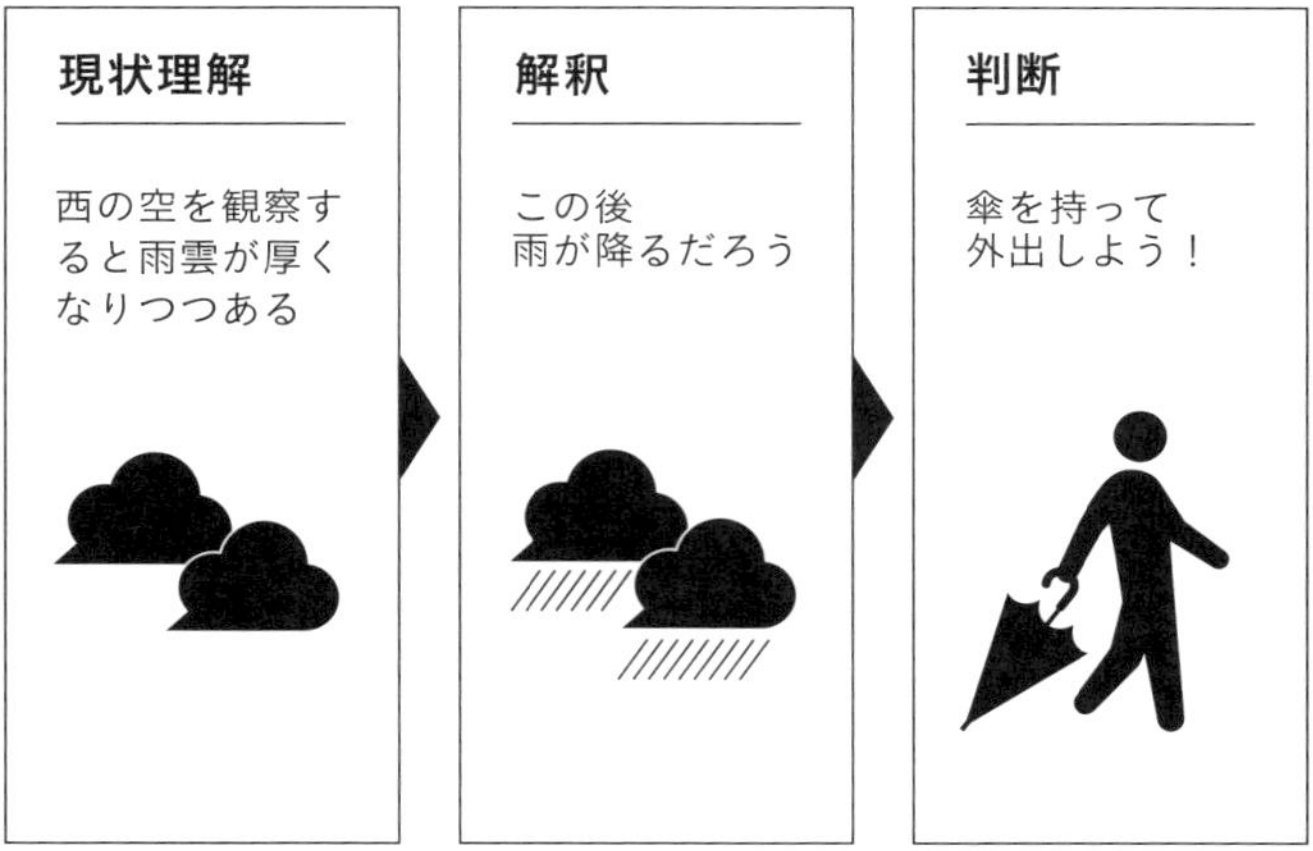

特に関係性はありません。

この「並列型」の論理構成は、サブイシュー（2段目）からサブサブイシュー（3段目）、さらに4段目といった下位のイシュー展開において多用されます。

この「並列型」の部分では、MECE分解やフレームワークに基づく項目分解が有効に使えます。3段目のサブサブイシューへの展開例についても次ページの図に記します。

図5-3　並列型の論理構成

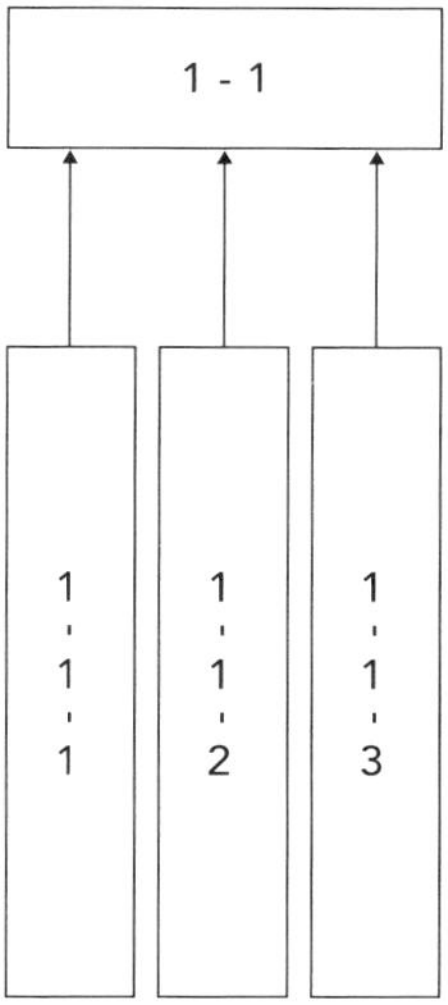

並列する「1-1-1」「1-1-2」「1-1-3」のそれぞれが正しく、セットとして揃うと、これらが根拠となって、「1-1」を結論づける十分条件となる論理構成

図5-4　サブサブイシューへの展開例

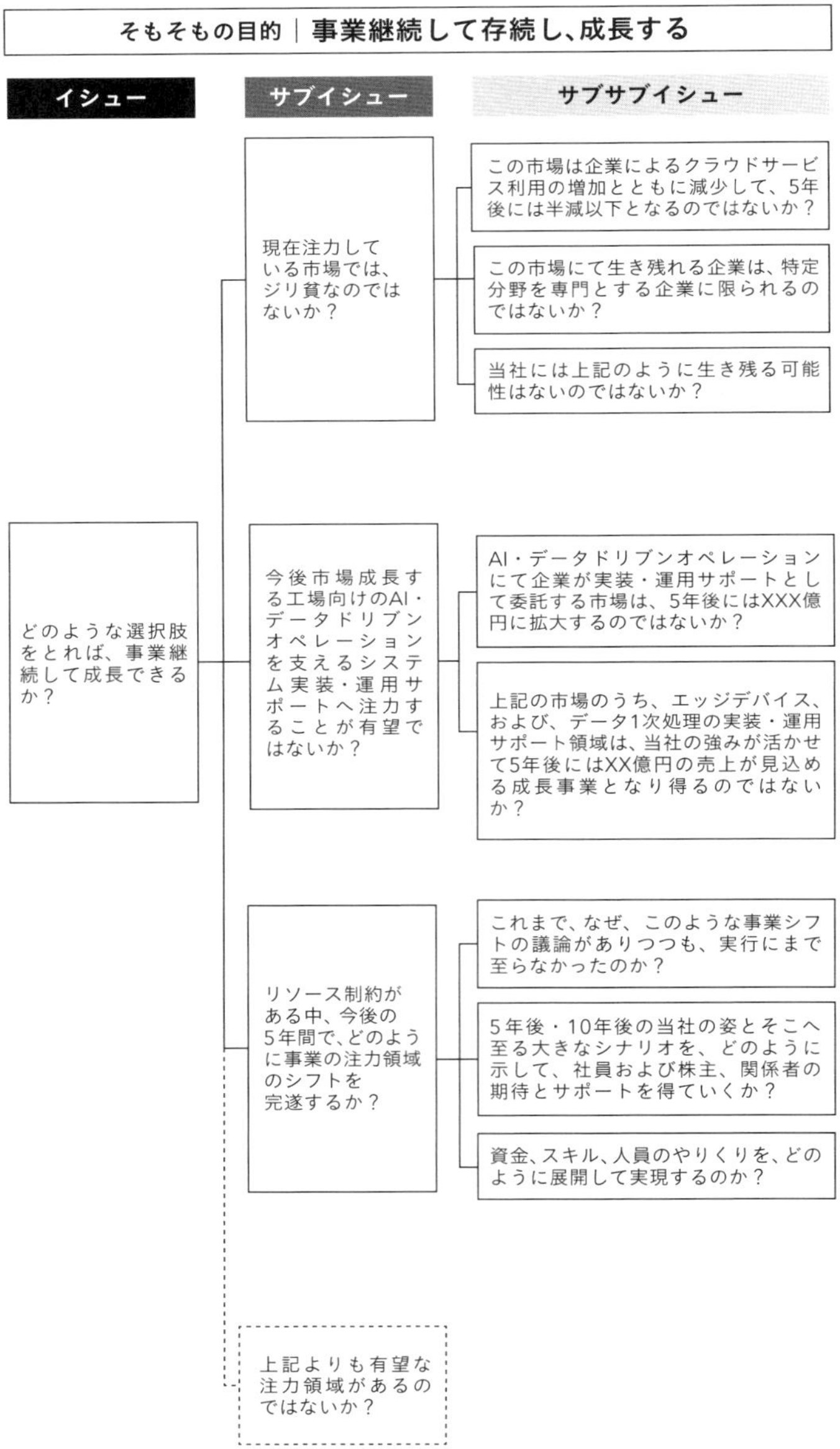

そもそもの目的｜事業継続して存続し、成長する
イシュー
サブイシュー
サブサブイシュー
どのような選択肢をとれば、事業継続して成長できるか？

現在注力している市場では、ジリ貧なのではないか？

この市場は企業によるクラウドサービス利用の増加とともに減少して、5年後には半減以下となるのではないか？

この市場にて生き残れる企業は、特定分野を専門とする企業に限られるのではないか？

当社には上記のように生き残る可能性はないのではないか？

今後市場成長する工場向けのAI・データドリブンオペレーションを支えるシステム実装・運用サポートへ注力することが有望ではないか？

AI・データドリブンオペレーションにて企業が実装・運用サポートとして委託する市場は、5年後にはXXX億円に拡大するのではないか？

上記の市場のうち、エッジデバイス、および、データ1次処理の実装・運用サポート領域は、当社の強みが活かせて5年後にはXX億円の売上が見込める成長事業となり得るのではないか？

リソース制約がある中、今後の5年間で、どのように事業の注力領域のシフトを完遂するか？

これまで、なぜ、このような事業シフトの議論がありつつも、実行にまで至らなかったのか？

5年後・10年後の当社の姿とそこへ至る大きなシナリオを、どのように示して、社員および株主、関係者の期待とサポートを得ていくか？

資金、スキル、人員のやりくりを、どのように展開して実現するのか？

上記よりも有望な注力領域があるのではないか？

ここまで展開できたら、次は、3段目のサブサブイシューのそれぞれについて、仮説を検証（または反証）するための調査・分析を進めます。

そして、3段目のサブサブイシューのすべてについて答えが明らかになる、すなわち、仮説が検証・証明されると、このイシューの体系に基づいて、1段目のイシューステートメントに対する答えが明らかになります。

その答えを反映した表現へイシューステートメントを書き換えると、これが問題解決の解（結論）を表現するものとなり、イシューの体系は、その結論を論理的に証明する結論説明の体系へと進化します。

一方、3段目のサブサブイシューについて調査・分析を進めていく段階で、仮説が反証された場合には、直ちに、仮説を書き換えアップデートします。

具体的な調査・分析を進めて仮説が反証された場合には、ほとんどのケースで、すぐさま次の仮説の端緒が閃くものです。

例えば、「市場Aが有望だろう」という仮説で調査・分析を進めていったところ、実は、市場Aの成長余地があまりないことがわかって、仮説が反証された時、市場Aについて調査・分析していた際に、市場Bのほうが成長する有望市場でありそうだということに気づいた、といったことがしばしばあるのです。

その新しい仮説を組み込んで、サブサブイシュー、さらにサブイシューを書き換えアップデートします。

そして、あらためてイシューの体系の全体が、1段目のイシューステートメントの答えを出す結論説明として十分であることを再確認します。

この時、結論説明として不十分であれば、十分になるよう、2段目あるいは3段目のサブイシュー、サブサブイシューの展開を組み替えて調整します。

3段目のサブサブイシューについて、具体的な調査・分析を進めるために、さらに、4段目のサブサブサブイシューまで展開する必要がある場合もあります。

その場合は、もちろん4段目のサブサブイシュー展開を進めますが、これは、3段目のサブサブイシューのうち、本当に必要な部分についてのみ展開するようにします。

このイシューの体系図では、最下層のサブサブイシューは、必要となる分析作業を網羅したリストになっています。つまり、この最下層のサブサブイシューをそのまま別の表形式のフォーマットに転記すると、分析計画表が作成されます。分析計画表の一例が左記になります。

図5-5　分析計画の例

サブサブイシュー	必要な分析	担当者	期限
（現在注力している）この市場は企業によるクラウドサービス利用の増加とともに減少して、5年後には半減以下となるのではないか？	この市場の将来規模についてシミュレーション（5年後までの楽観、および、悲観シナリオ）	○○○○○	○月○○日
この市場にて生き残れる企業は、特定分野を専門とする企業に限られるのではないか？	この市場にて生き残れる要件を、顧客インタビューより抽出	○○○○○	○月○○日
当社には上記のように生き残る可能性はないのではないか？	上記で抽出された要件を当社が満たし続けられるかについて評価	○○○○○	○月○○日
AI・データドリブンオペレーションにて企業が実装・運用サポートとして委託する市場は、5年後にはXXX億円に拡大するのではないか？	当該委託市場の規模について将来シミュレーション（5年後までの楽観、および、悲観シナリオ）	○○○○○	○月○○日
上記の市場のうち、エッジデバイス、および、データ1次処理の実装・運用サポート領域は、当社の強みが活かせて5年後にはXX億円の売上が見込める成長事業となり得るのではないか？	当該市場規模について、5年後まで将来シミュレーション そのうち、当社が獲得可能と考えられる売上げ規模についてシミュレーション （楽観、および、悲観シナリオ）	○○○○○	○月○○日
これまで、なぜ、このような事業シフトの議論がありつつも、実行にまで至らなかったのか？	実行にまで至らなかった 根源課題分析	○○○○○	○月○○日
5年後・10年後の当社の姿とそこへ至る大きなシナリオを、どのように示して、社員および株主、関係者の期待とサポートを得ていくか？	社員向け、株主向け、顧客、融資元等のそれぞれに対する有効なコミュニケーション内容と方法の選択肢について評価	○○○○○	○月○○日
資金、スキル、人員のやりくりを、どのように展開して実現するのか？	今後の5年間にわたる資金計画、スキル・人員計画についてシミュレーション	○○○○○	○月○○日

「当社が過去から抱えてきた根源課題」について、サブイシューへ展開していく

目指す姿（＝事業継続して成長していく）が明確となった時、なぜ、これまでその姿を実現できなかったのか？　という根源課題を見極めていきます。

前節のイシューの体系に沿って分析を進めた結果、今後成長が期待される「工場向けのＡＩ・データドリブンオペレーションを支えるシステム実装・運用サポート」市場へ注力することが有望で、この市場に注力するようシフトすべき、という結論になったとして解説を進めます。

この場合、これからスキル要件が異なる市場へ注力をシフトしていくという、大きな事業構造の転換を進めることになります。

これを成功させて目的達成するためには、「当社が過去から抱えてきた根源課題」を解くことが不可欠です。この根源課題についての問題解決を放置したまま、この事業構造転換の実行

プロセスを始めてしまうと、十中八九うまくいきません。

それでは、「当社が過去から抱えてきた根源課題」について、イシューステートメントを立てて、イシュー思考していきましょう。

A社では、これまでに何度も事業シフトの必要があるのではないか？ と議論されては中途半端なまま、立ち消えになってしまう歴史を繰り返していたと設定します。

この設定を受けて、イシューステートメントの初期設定を、

「これまで、なぜ、このような事業シフトの議論がありつつも、実行にまで至らなかったのか？」

とします。

実は、この「これまで、なぜ、このような事業シフトの議論がありつつも、実行にまで至らなかったのか？」というステートメントは、前述の「将来の事業可能性の見極め」としてイ

図5-6　サブサブイシューに根源課題を究明するステートメントを記した展開

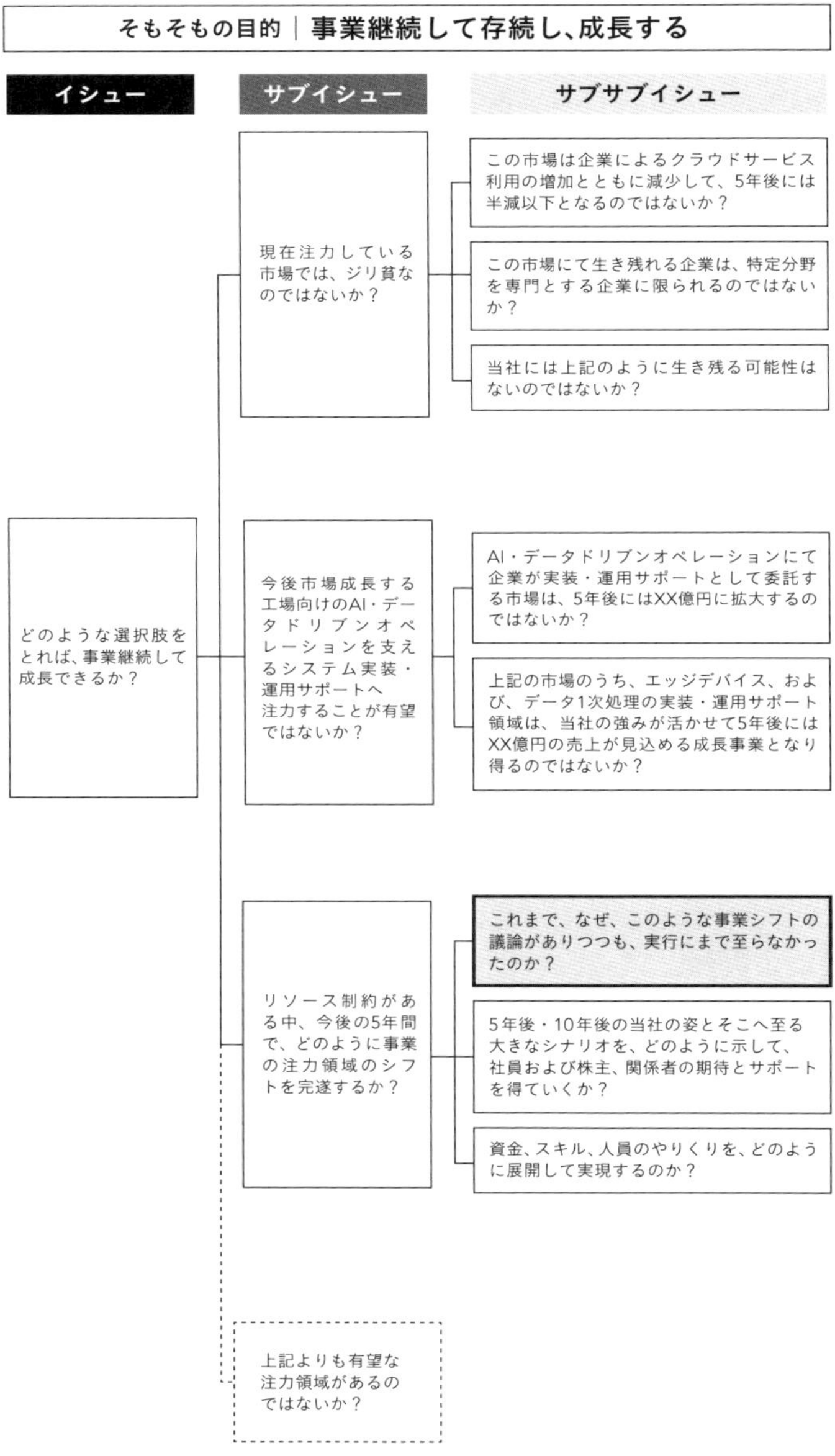
そもそもの目的｜事業継続して存続し、成長する
イシュー
サブイシュー
サブサブイシュー
どのような選択肢をとれば、事業継続して成長できるか？

現在注力している市場では、ジリ貧なのではないか？

この市場は企業によるクラウドサービス利用の増加とともに減少して、5年後には半減以下となるのではないか？

この市場にて生き残れる企業は、特定分野を専門とする企業に限られるのではないか？

当社には上記のように生き残る可能性はないのではないか？

今後市場成長する工場向けのAI・データドリブンオペレーションを支えるシステム実装・運用サポートへ注力することが有望ではないか？

AI・データドリブンオペレーションにて企業が実装・運用サポートとして委託する市場は、5年後にはXX億円に拡大するのではないか？

上記の市場のうち、エッジデバイス、および、データ1次処理の実装・運用サポート領域は、当社の強みが活かせて5年後にはXX億円の売上が見込める成長事業となり得るのではないか？

リソース制約がある中、今後の5年間で、どのように事業の注力領域のシフトを完遂するか？

これまで、なぜ、このような事業シフトの議論がありつつも、実行にまで至らなかったのか？

5年後・10年後の当社の姿とそこへ至る大きなシナリオを、どのように示して、社員および株主、関係者の期待とサポートを得ていくか？

資金、スキル、人員のやりくりを、どのように展開して実現するのか？

上記よりも有望な注力領域があるのではないか？

シューを体系化したサブイシュー3「リソース制約がある中、今後の5年間で、どのように事業の注力領域のシフトを完遂するか？」の下位となる3段目のサブサブイシューへ展開したレベルに記述しているものです。

「将来の事業可能性の見極め」のサブイシュー3は、A社はその市場を獲得して成長することが実現可能、という仮説を検証して証明する部分です。

A社としての実現可能性を検証するためには、A社が抱える組織的な根源課題を看過することはできないので、サブサブイシューのレベルへ記しました。

しかしながら、まず「将来の事業可能性の見極め」の段階では、注力すべき成長機会がある市場がどこなのか、事業シフトの具体的な市場領域を見極めることが最優先です。

したがって、この段階では、A社が抱える組織的な根源課題に関わる「これまで、なぜ、このような事業シフトの議論がありつつも、実行にまで至らなかったのか？」は、備忘録として3段目のサブサブイシューのレベルへ記しておいて、あらためて「根源課題を見極める」段階で、イシュー展開して深掘りしていきます。

それでは、イシューステートメント「これまで、なぜ、このような事業シフトの議論がありつつも、実行にまで至らなかったのか？」からサブイシューへの展開を進めて、イシューを体系化していきましょう。

イシューステートメントに具体的に答えられる十分条件となるように、2段目のサブイシューへ展開します。

この展開の切り口を次のように考えました。

①事業シフトについて、抽象的に議論はされたものの、そもそも具体的な選択肢まで案出されなかった
②具体的な事業シフトの選択肢までは案出されたものの、経営として意思決定できなかった
③経営として事業シフトを意思決定するところまでいったものの、現場の抵抗・拒否反応が強くて実行できなかった
④（プラス1の備忘録として）この他にも事業シフトの実行にまで至らなかった重大な原因があるのではないか？

この切り口の根拠は、「これまで実行に至らなかった」原因が、①〜③のうちのいずれかで

あろう、という仮説です。とはいえ、この他にもあり得るかもしれないので、④を備忘録のように追加したものです。

これを2段目のサブイシューとして、3段目までサブイシュー展開したイシューの体系例は次ページの図の通りです。

なぜ、図中のサブサブイシューが、現在形で書かれているか（例：具体的な議論をする場がないのか？）と言うと、これらは現在も続いている問題点として見極めるポイントだからです。

根源課題を見極める作業のスタートとしては、「これまで、なぜできなかったのか？」という過去の事実の分析が手をつけやすいので、イシュー、サブイシュー段階までは過去形で表現しました。

一方、サブサブイシューのレベルまで展開した内容は、現在も解消されていない、A社に根深く残っている問題点として解明して、今後の問題解決へ活かしていくポイントなので現在形にしています。

図5-7　サブサブイシューへの展開例2

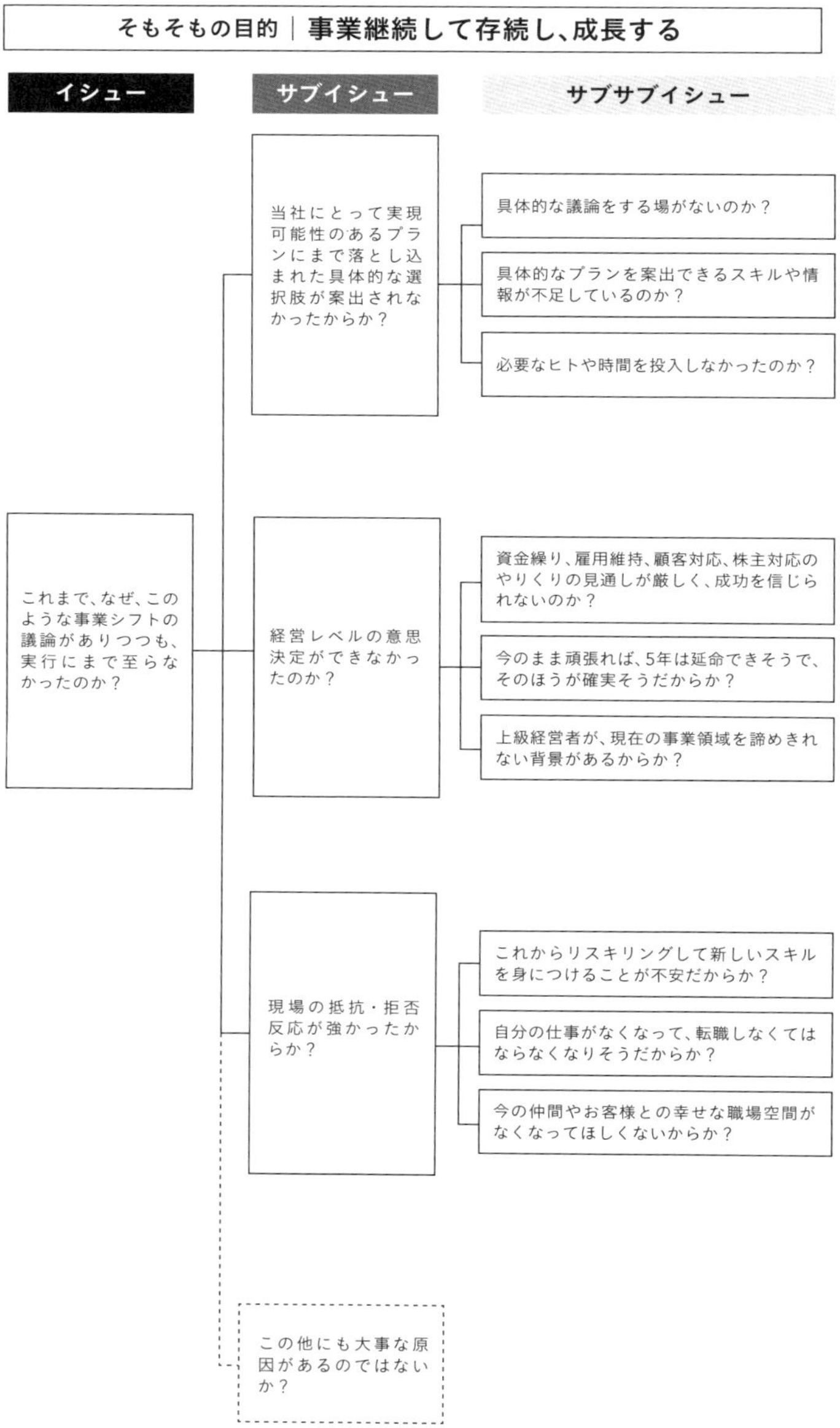

根源課題を見極めて問題解決の糸口を見出していく手順は、

● 根源課題を究明する
・どのような複数の要因が絡んでいそうか？
・悪循環の起点（＝根源課題）はどこか？
● 問題解決の糸口を見出す
・根源課題をどう解くと、悪循環を止めて良循環へ反転できるか？
・良循環へ反転させる取っ掛かりの糸口はどこか？

です。

右記のイシューの体系図にしたがって、3段目のサブサブイシューについて調査分析を進めていくと、どんな悪循環が回っていて、その悪循環の起点がどこなのか、さらに、その悪循環を良循環へ反転させる取っ掛かりの糸口が見えてきます。

本ケースの場合は、下の図のような悪循環が回っていて、この悪循環の根源となっている課題は、

☑新事業の可能性を見極めるために、十分なヒトや時間を投入せず、片手間で検討させている

☑新事業の可能性検討および、現状の延長線上にあるリスクを明らかにしていくためのスキルが不足

という計画の立案に必要となる資源投入やスキルが不足していたことでした。そのため、新事業へシフトして成長していく具体案を詰め、現状のまま事業継続するリスクを可視化して比較検討するには至らなかったのです。

図5-8　悪循環図

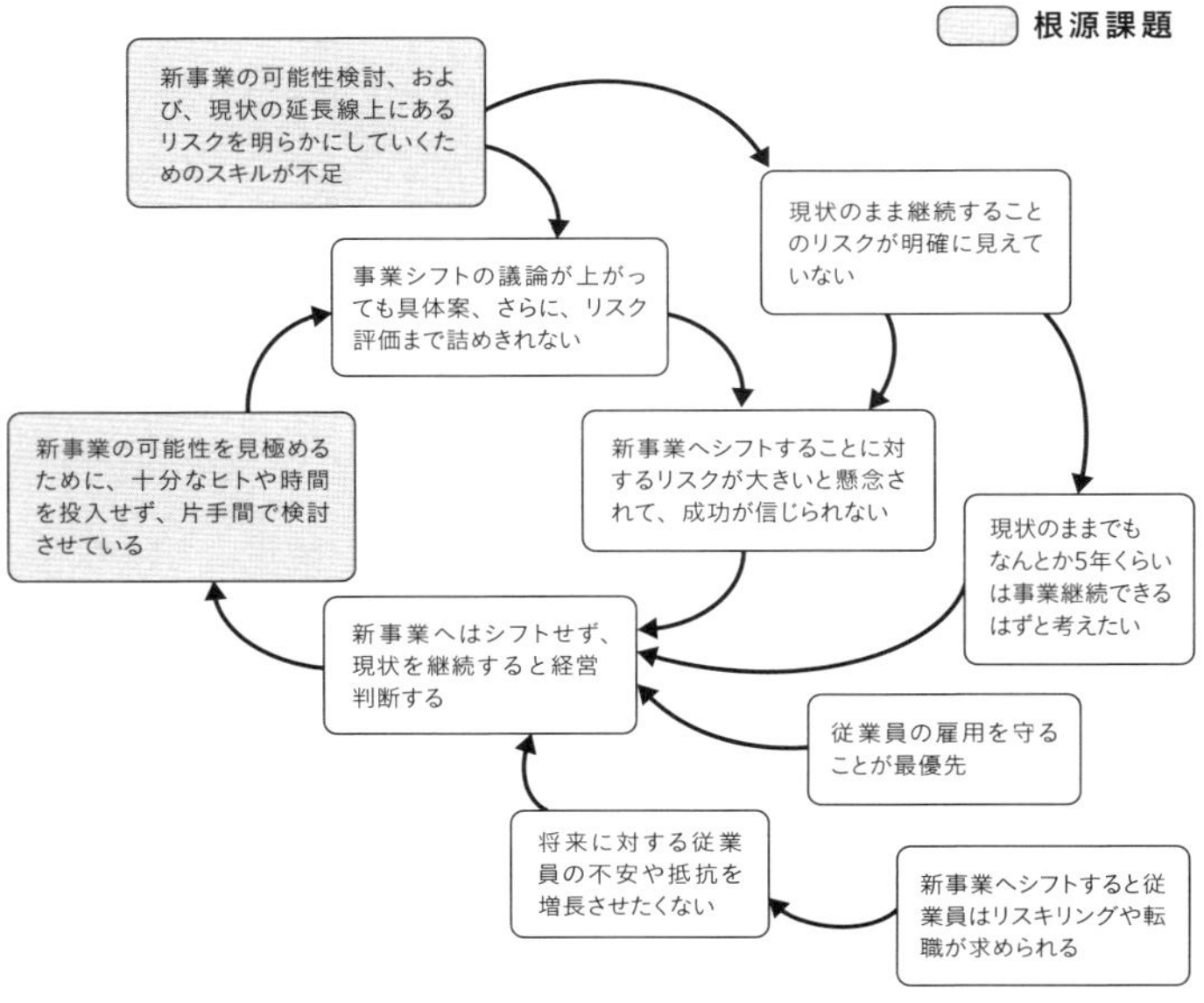

その結果、現状のままでも5年くらいは事業継続できるはず、と考えて現状のまま事業継続する経営判断のまま悪循環となっていました。

この究明された根源課題を解くことが、現状の悪循環を反転させるきっかけとなります。

具体的には、

☑ 事業シフト計画を立案する少数精鋭の社長特命チームを組成する
☑ 不足するスキルを補完する外部サポートを活用する

です。

実は、根源課題といった深いところまで究明されていると、悪循環の解き方はとても単純です。この2点をきっかけとして、新事業へシフトする具体的な計画と、現状のまま事業継続することのリスクが明確になれば、新事業へシフトしていく経営判断に至ります。そして、従業員も新事業へシフトして成長していく将来を信じて期待するようになり、そのために乗り越えていくべき不都合や障害を乗り越えていく方策も具体化されていくようになります。

このように、悪循環を良循環へ反転させる取っ掛かりとなる糸口（問題解決の糸口）となる2点が明らかになりました。複数の要因が絡み合って一見複雑に見える問題でも、システム思考を使って根源課題を究明できれば、シンプルに解決できるのです。

悪循環を反転させて実現させる良循環と、その取っ掛かりとなる糸口を示したのが下の図です。

この問題解決の糸口に基づいて、少数精鋭の事業シフト計画立案チームを組成して、そこに外部のスキルサポートも活用し、経営陣と従業員がともに新事業へシフトして成長する姿を信じて期待できるような計画を詰め切れれば、A社は一丸となって新事業へのシフトを進め、将

図5-9　良循環図

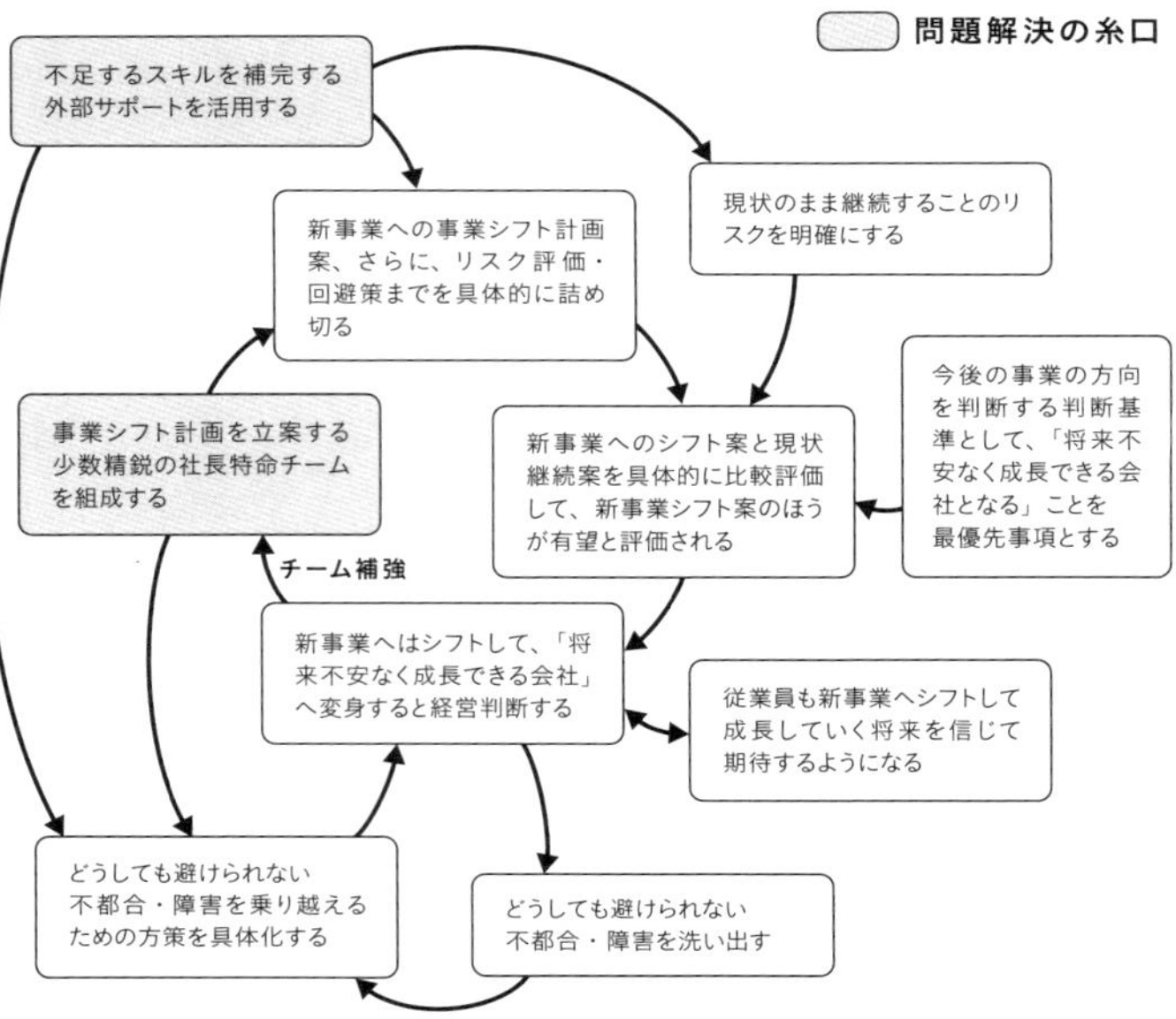

来も不安なく成長し続けていく企業へ変身していけるでしょう。

ここまで、イシューを体系化して調査分析を進めた結果、Ａ社はシナリオ２に基づいて「工場向けのＡＩ・データドリブンオペレーションを支えるシステム実装・運用サポート」に事業の注力をシフトする方向となり、当社が積年抱えてきた組織の根源課題も克服していく糸口が見出されました。

イシュー思考は、次の「実現に向けた解決策・段取り」を組み立てる段階へと進みます。

「実現に向けた解決策・段取り」について、サブイシューへ展開していく

今後注力していくべき市場と、A社が積年抱えてきた組織の根源課題が見出されました。その内容を反映して、イシューステートメントを次のように書き換えアップデートします。

「次世代リーダーからなる10年ビジョン構想室を組織して、成長事業へ5年間でシフトしていくビジョンと実現プランを具体化することによって、当社は事業継続・成長の道筋へスタートを切れるのではないか？」

このイシューステートメントを具体的に結論づける十分な項目の組み立てとなるように、2段目のサブイシューへ展開します。

この展開の切り口を次のように考えました。

①将来どのような姿を目指すのか？
②どのような戦略・方針で実現するのか？
③具体的にどのような実行プランで実行するのか？
④実行段階で想定される重要な難所は何か、それをどのように乗り越えるのか？

これは、①「目指す姿」を定めて、②「戦略・方針」を組み立て、③「実行プラン」に落とし込み、④「難所」を想定して段取りをしておく、という展開です。

これを2段目のサブイシューの切り口として、3段目までサブイシュー展開したイシューの体系の例は次ページの通りです。

図5-10 サブサブイシューへの展開例3

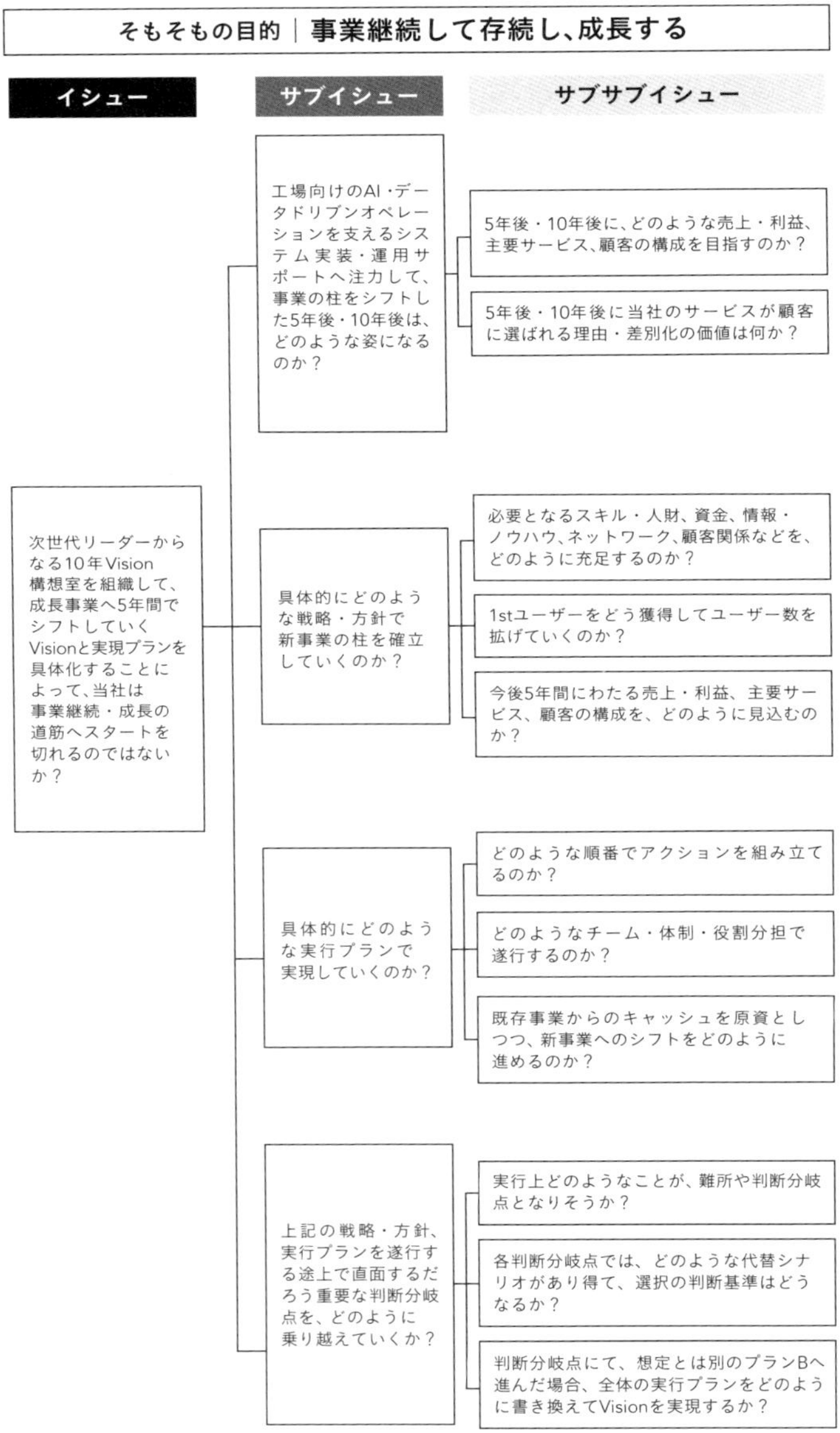
そもそもの目的｜事業継続して存続し、成長する
イシュー
サブイシュー
サブサブイシュー
次世代リーダーからなる10年Vision構想室を組織して、成長事業へ5年間でシフトしていくVisionと実現プランを具体化することによって、当社は事業継続・成長の道筋へスタートを切れるのではないか？

工場向けのAI・データドリブンオペレーションを支えるシステム実装・運用サポートへ注力して、事業の柱をシフトした5年後・10年後は、どのような姿になるのか？

5年後・10年後に、どのような売上・利益、主要サービス、顧客の構成を目指すのか？

5年後・10年後に当社のサービスが顧客に選ばれる理由・差別化の価値は何か？

具体的にどのような戦略・方針で新事業の柱を確立していくのか？

必要となるスキル・人財、資金、情報・ノウハウ、ネットワーク、顧客関係などを、どのように充足するのか？

1stユーザーをどう獲得してユーザー数を拡げていくのか？

今後5年間にわたる売上・利益、主要サービス、顧客の構成を、どのように見込むのか？

具体的にどのような実行プランで実現していくのか？

どのような順番でアクションを組み立てるのか？

どのようなチーム・体制・役割分担で遂行するのか？

既存事業からのキャッシュを原資としつつ、新事業へのシフトをどのように進めるのか？

上記の戦略・方針、実行プランを遂行する途上で直面するだろう重要な判断分岐点を、どのように乗り越えていくか？

実行上どのようなことが、難所や判断分岐点となりそうか？

各判断分岐点では、どのような代替シナリオがあり得て、選択の判断基準はどうなるか？

判断分岐点にて、想定とは別のプランBへ進んだ場合、全体の実行プランをどのように書き換えてVisionを実現するか？

このイシューの体系図のすべてのサブサブブイシューについて分析・解釈・判断が完了すると、仮説の書き換えアップデートが終結して、結論に至ります。
最後に、結論に至ったイシューの体系を結論版へ書き換えます。

結論版へ書き換えたイシューの体系の例も参考として次ページに示しておきます。なお、あくまでも結論版にしたイシューの体系のイメージをお伝えすることを目的として書き記しましたので、書かれている内容についてはすべて例示です。

実は、この結論版にしたイシューの体系図の文言をそのまま、テキスト文章へ書き写すと、次のようにピラミッドストラクチャーの文章構成となるので、合わせて参考に記します（紙面の都合で2段目のサブイシューまでを記しています）。

このように、結論とその論理的な根拠の説明がピラミッドストラクチャーの文章構成になっていると、このままで説明のための骨子となったり、プレゼンテーション資料を作成する指針となるので、結論をコミュニケーションしていく際にとても便利です。

図5-11 結論版の例

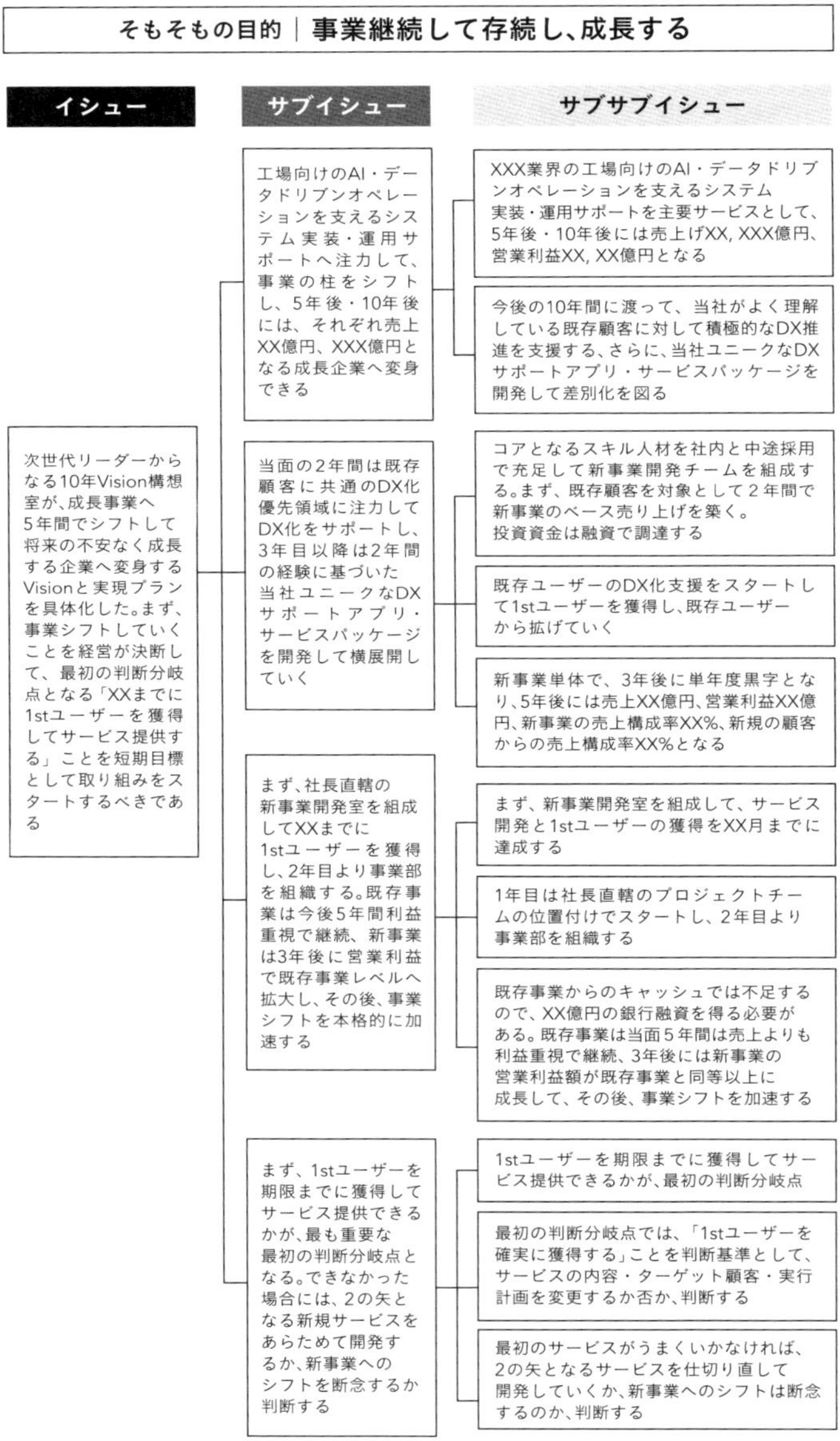
そもそもの目的｜事業継続して存続し、成長する
イシュー
サブイシュー
サブサブイシュー
次世代リーダーからなる10年Vision構想室が、成長事業へ5年間でシフトして将来の不安なく成長する企業へ変身するVisionと実現プランを具体化した。まず、事業シフトしていくことを経営が決断して、最初の判断分岐点となる「XXまでに1stユーザーを獲得してサービス提供する」ことを短期目標として取り組みをスタートするべきである
工場向けのAI・データドリブンオペレーションを支えるシステム実装・運用サポートへ注力して、事業の柱をシフトし、5年後・10年後には、それぞれ売上XX億円、XXX億円となる成長企業へ変身できる
XXX業界の工場向けのAI・データドリブンオペレーションを支えるシステム実装・運用サポートを主要サービスとして、5年後・10年後には売上げXX, XXX億円、営業利益XX, XX億円となる
今後の10年間に渡って、当社がよく理解している既存顧客に対して積極的なDX推進を支援する、さらに、当社ユニークなDXサポートアプリ・サービスパッケージを開発して差別化を図る
当面の2年間は既存顧客に共通のDX化優先領域に注力してDX化をサポートし、3年目以降は2年間の経験に基づいた当社ユニークなDXサポートアプリ・サービスパッケージを開発して横展開していく
コアとなるスキル人材を社内と中途採用で充足して新事業開発チームを組成する。まず、既存顧客を対象として2年間で新事業のベース売り上げを築く。投資資金は融資で調達する
既存ユーザーのDX化支援をスタートして1stユーザーを獲得し、既存ユーザーから拡げていく
新事業単体で、3年後に単年度黒字となり、5年後には売上XX億円、営業利益XX億円、新事業の売上構成率XX%、新規の顧客からの売上構成率XX%となる
まず、社長直轄の新事業開発室を組成してXXまでに1stユーザーを獲得し、2年目より事業部を組織する。既存事業は今後5年間利益重視で継続、新事業は3年後に営業利益で既存事業レベルへ拡大し、その後、事業シフトを本格的に加速する
まず、新事業開発室を組成して、サービス開発と1stユーザーの獲得をXX月までに達成する
1年目は社長直轄のプロジェクトチームの位置付けでスタートし、2年目より事業部を組織する
既存事業からのキャッシュでは不足するので、XX億円の銀行融資を得る必要がある。既存事業は当面5年間は売上よりも利益重視で継続、3年後には新事業の営業利益額が既存事業と同等以上に成長して、その後、事業シフトを加速する
まず、1stユーザーを期限までに獲得してサービス提供できるかが、最も重要な最初の判断分岐点となる。できなかった場合には、2の矢となる新規サービスをあらためて開発するか、新事業へのシフトを断念するか判断する
1stユーザーを期限までに獲得してサービス提供できるかが、最初の判断分岐点
最初の判断分岐点では、「1stユーザーを確実に獲得する」ことを判断基準として、サービスの内容・ターゲット顧客・実行計画を変更するか否か、判断する
最初のサービスがうまくいかなければ、2の矢となるサービスを仕切り直して開発していくか、新事業へのシフトは断念するのか、判断する

図5-12 結論版をテキストへ書き写す

次世代リーダーからなる10年Vision構想室が、成長事業へ5年間でシフトして将来の不安なく成長する企業へ変身するVisionと実現プランを具体化した。まず、事業シフトしていくことを経営が決断して、最初の判断分岐点となる「XXまでに1stユーザーを獲得してサービス提供する」ことを短期目標として取り組みをスタートするべきである

- 工場向けのAI・データドリブンオペレーションを支えるシステム実装・運用サポートへ注力して、事業の柱をシフトし、5年後・10年後には、それぞれ売上XX億円、XXX億円となる成長企業へ変身できる

- 当面の2年間は既存顧客に共通のDX化優先領域に注力してDX化をサポートし、3年目以降は2年間の経験に基づいた当社ユニークなDXサポートアプリ・サービスパッケージを開発して横展開していく

- まず、社長直轄の新事業開発室を組成してXXまでに1stユーザーを獲得し、2年目より事業部を組織する。既存事業は今後5年間利益重視で継続、新事業は3年後に営業利益で既存事業レベルへ拡大し、その後、事業シフトを本格的に加速する

- まず、1stユーザーを期限までに獲得してサービス提供できるかが、最も重要な最初の判断分岐点となる。できなかった場合には、2の矢となる新規サービスをあらためて開発するか、新事業へのシフトを断念するか判断する

「想定される難所を解いて段取りする」について、サブイシューへ展開していく

解決策にしたがって、実際に目的達成に向けた実行を進めていく段階では、必ず、なんらかの障害に直面します。

この時も、イシュー思考が有効です。「それらの難所をいかに乗り越えていくか」を新たなイシューとして、問題解決を進めていけば良いのです。

それでは引き続き、A社における事業構造の転換をケースに、実行において想定される難所を乗り越えるイシュー思考を考えていきましょう。

「難所」を想定して、解いて、段取りとしてアクションへ落とし込んでいく際に指針となるポイントは、左記の4つでした。

☑ 実行上の難所はどこか?

☑ その難所における判断分岐点と代替シナリオ（選択肢）はどうなるか？
☑ 代替シナリオ選択の判断基準は何か？
☑ その難所をどのような段取りで乗り越えるか？

ここでは、実行上の難所の一例として、現場の従業員による「事業構造転換に対する抵抗・非協力」を取り上げます。

イシューステートメントを、

「どのようにして現場の従業員の抵抗を減らして協力を得るか？」

と初期設定してイシュー思考を始動します。

このイシューステートメントに具体的に答えられる十分条件となるように、２段目のサブイシューへ展開します。展開の切り口を次のように考えました。

①直近1年間において、従業員が移行によるメリットを感じられるものとする
②直近（1〜2年間）の移行期間が具体的にどのように進んで、どんなアクションをして、どんな不都合を受け容れなくてはならないのかを共有する
③従業員の巻き込みは同時・一斉ではなく、協力を得やすいチームから段階的に進める
④どうしても雇用を継続できない従業員に対する対応を、あらかじめ具体的に定める
⑤どうしても従業員の抵抗が減らず、協力が得られなかった場合のための、プランBを考えておく

この切り口の根拠は、①〜④までを整えれば、抵抗を抑えて協力を得られるだろうという仮説です。

そして、⑤は、「どうしても、抵抗を減らすことができなかった場合」に、分岐するシナリオBを考えておく、という切り口です。

すなわち、①〜④のアクションを一定レベルまで進めていったある時点をあらかじめ「当初のプランAのまま進めるのか」を判断する判断分岐点と定めて、その時点での判断基準は、結果として「現場・従業員からの抵抗を抑えて協力を得られる見通しが立ったかどうか」です。

協力を得られる見込みが立てば、当初通りのプランAで目的達成まで進め、見込みが立たなければプランBとして案出された方向へシナリオ変更して進む、という想定シミュレーションです。

これを2段目のサブイシューの切り口としてサブイシューを言語化し、さらに、3段目までサブイシュー展開したイシューの体系例は次ページの通りです。

あわせて、結論版へ書き換えたイシューの体系の例も、参考として記します。

図5-13 サブサブイシューへの展開例4

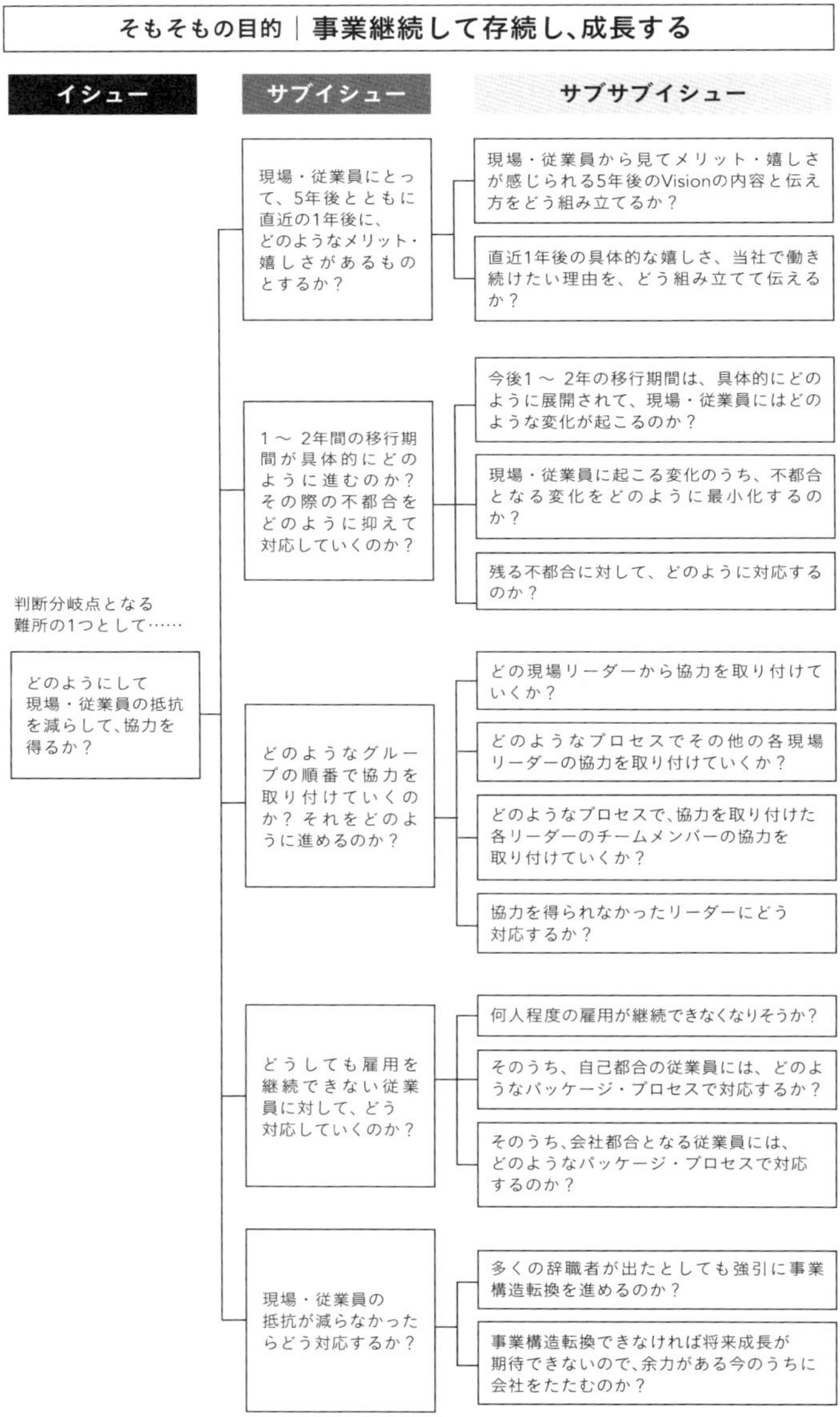
そもそもの目的｜事業継続して存続し、成長する
イシュー
サブイシュー
サブサブイシュー
判断分岐点となる難所の1つとして……

どのようにして現場・従業員の抵抗を減らして、協力を得るか？

現場・従業員にとって、5年後とともに直近の1年後に、どのようなメリット・嬉しさがあるものとするか？

現場・従業員から見てメリット・嬉しさが感じられる5年後のVisionの内容と伝え方をどう組み立てるか？

直近1年後の具体的な嬉しさ、当社で働き続けたい理由を、どう組み立てて伝えるか？

1～2年間の移行期間が具体的にどのように進むのか？その際の不都合をどのように抑えて対応していくのか？

今後1～2年の移行期間は、具体的にどのように展開されて、現場・従業員にはどのような変化が起こるのか？

現場・従業員に起こる変化のうち、不都合となる変化をどのように最小化するのか？

残る不都合に対して、どのように対応するのか？

どのようなグループの順番で協力を取り付けていくのか？それをどのように進めるのか？

どの現場リーダーから協力を取り付けていくか？

どのようなプロセスでその他の各現場リーダーの協力を取り付けていくか？

どのようなプロセスで、協力を取り付けた各リーダーのチームメンバーの協力を取り付けていくか？

協力を得られなかったリーダーにどう対応するか？

どうしても雇用を継続できない従業員に対して、どう対応していくのか？

何人程度の雇用が継続できなくなりそうか？

そのうち、自己都合の従業員には、どのようなパッケージ・プロセスで対応するか？

そのうち、会社都合となる従業員には、どのようなパッケージ・プロセスで対応するのか？

現場・従業員の抵抗が減らなかったらどう対応するか？

多くの辞職者が出たとしても強引に事業構造転換を進めるのか？

事業構造転換できなければ将来成長が期待できないので、余力がある今のうちに会社をたたむのか？

図5-14 結論版の例2

そもそもの目的｜事業継続して存続し、成長する

イシュー ／ **サブイシュー** ／ **サブサブイシュー**

判断分岐点となる難所の1つとして...

- **イシュー**：5年後には給与アップとともに将来不安がなくなる会社となる、直近の移行期間では、リスキリングができて将来キャリアが明るくなるメリットと具体的なリスキリング・キャリア選択サポートの内容を伝え、事業シフトに前向きな若手リーダーから協力を取り付けて協力の輪を広げていく。一方、どうしても雇用を継続的ないXXX人程度の従業員については、手厚い退職パッケージを用意して対応することによって、現場・従業員の抵抗を減らして協力を取り付けていく。それでも抵抗が減らせなかった場合には縮小均衡シナリオへスイッチする
  - **サブイシュー**：現場・従業員にとって、5年後は給与が上がって将来不安がなくなる、直近の1年後にはリスキリングできて将来キャリアが明るく見えるようになる、とメリットを伝える
    - 5年後のVisionの内容を社長より現場・従業員に伝える会を設け、特に、現場・従業員の雇用が守られ、給与アップが期待できることを伝える
    - 1年後には、今後の成長分野に携わっていけるスキル獲得の実感を得られるようにする。一方、従来のサービスに従事し続けたい従業員についても従来のサービスを提供し続けられるだけの事業を継続する
  - **サブイシュー**：1～2年間の移行期間におけるリスキリングのサポートや、将来キャリアの選択肢について具体化した内容を丁寧に伝えていく
    - 今後1～2年の移行期間では、従業員にリスキリングの機会を提供して新サービスへ従事、このまま従来サービスに従事、他社の機会を追求の3つのキャリア選択肢をサポートする
    - 現場・従業員がリスキリングしていくことを最大限サポートする
    - 社外のキャリアを追求するメンバーには、キャリアチェンジパッケージを準備して個別に対応する
  - **サブイシュー**：事業シフトに前向きな若手リーダーから協力を取り付け、また、若手リーダーを中心とした狙う市場を攻略する検討チームを組成して、現場・従業員の協力を広げていく
    - 当社の将来性に対する問題意識が高く、事業シフトに前向きな若手リーダーの代表の一人であるABさんから協力を取り付ける
    - 各現場のリーダーに対して、顧客市場における志向の変化とこれに応じる狙う市場の成長性が高いことを共有して、この市場に対する理解を促す
    - 若手リーダーを中心として、狙う市場を研究するチームを組成してこの市場の特性や、当社としての攻略法を提案、さらに現場チームへも共有してもらう
    - 協力を得られなかったリーダーについては、従来サービスに留まれるよう配慮する。同時に、従来サービスの利益を確保する方策を検討して推進するチームを組成して参加を促す
  - **サブイシュー**：どうしても雇用を継続できないXXX人程度の従業員に対しては、希望退職を募り、手厚い退職パッケージを用意する
    - 従業員数XXX人程度の雇用が継続できない
    - そのうち、早期退職募集に手を挙げた従業員には、退職割増金Xヶ月のパッケージを用意する
    - 一方、会社都合の退職となる従業員には、面談、転職サポート、退職割増金Xヶ月のパッケージを用意する
  - **サブイシュー**：現場・従業員の抵抗が減らせなかった場合には、事業シフトは断念して縮小均衡シナリオへスイッチする
    - 多くの辞職者が出てしまうような強引な事業構造転換は進められない
    - 成長市場への事業シフトができないとなれば、既存事業を縮小均衡して事業継続していく。その際にも、XX人程度の雇用が継続できなくなる

図5-15 結論版をテキストへ書き写す2

5年後には給与アップとともに将来不安がなくなる会社となる、直近の移行期間では、リスキリングができて将来キャリアが明るくなるメリットと具体的なリスキリング・キャリア選択サポートの内容を伝え、事業シフトに前向きな若手リーダーから協力を取り付けて協力の輪を広げていく。一方、どうしても雇用を継続的ないXXX人程度の従業員については、手厚い退職パッケージを用意して対応することによって、現場・従業員の抵抗を減らして協力を取り付けていく。それでも抵抗が減らせなかった場合には縮小均衡シナリオへスイッチする

- ■ 現場・従業員にとって、5 年後は給与が上がって将来不安がなくなる、直近の 1 年後にはリスキリングできて将来キャリアが明るく見えるようになる、とメリットを伝える
- ■ 1 ～ 2 年間の移行期間におけるリスキリングのサポートや、将来キャリアの選択肢について具体化した内容を丁寧に伝えていく
- ■ 事業シフトに前向きな若手リーダーから協力を取り付け、また、若手リーダーを中心とした狙う市場を攻略する検討チームを組成して、現場・従業員の協力を広げていく
- ■ どうしても雇用を継続できない XXX 人程度の従業員に対しては、希望退職を募り、手厚い退職パッケージを用意する
- ■ 現場・従業員の抵抗が減らせなかった場合には、事業シフトは断念して縮小均衡シナリオへスイッチする

「想定外の難所に遭遇した際の問題解決」について、サブイシューへ展開していく

目指す姿の実現に向けて具体的にアクションしていく実行ステージでは、解決策構築ステージにおいて組み立てられたアクションプランを台本として進めていきますが、進めていくと必ず、想定外のことが起こります。

その中には、難所となることが含まれるものです。外部環境（市場やお客様の状況、技術の変化や競合・法規制の状況など）が変化したり、内部的な状況（自社のリソースや活動、人材や財務状況など）が変化したり、何も変化はしていなくても、解決策構築ステージでは気づけなかったことが要因となることもあります。

想定外の難所に遭遇した時、あらためて「どのようにして、この難所を乗り越えていくか？」というイシューを具体的に立てて、イシュー思考します。

実行ステージにおける、このイシュー思考の手順は、解決策構築ステージにおいて難所を

想定してイシュー思考した手順と同じです。

そして、イシュー思考の結果、当初案ではなく代替シナリオへ分岐していった場合には、問題解決のマップである全体のイシューの体系図の、上位のサブイシューに修正が必要な部分がないかを確認をして、必要に応じてイシューの体系を修正します。

それでは引き続き、A社における事業構造の転換をケースに、実行ステージにおける難所を乗り越えるイシュー思考を考えていきましょう。

ここでは、実行ステージにおいて遭遇した想定外の難所の一例として、現場の従業員へ今後の事業構造転換を説明した直後に、「当社の事業構造転換の話を聞きつけた主要顧客のZ社が、当社との大口契約を来年度より打ち切る方針を打ち出した」状況を取り上げます。

イシューステートメントを、

「どのようにして、来年度以降もZ社との契約を継続できるようにするか？」

と初期設定してイシュー思考を始動します。

このイシューステートメントに具体的に答えられる十分条件となるように、2段目のサブイシューへ展開します。展開の切り口を次のように考えました。

①Z社が契約を打ち切る方針とした理由は何か？
②A社として取り得る選択肢は何か？
③どのようにZ社との交渉・会話を組み立てるか？
④どうしても、Z社との契約が打ち切りとなる場合、どのように対処していくか？
⑤新事業へ中心事業をシフトしていくシナリオ2を断念して、新事業へはシフトせずに現行事業を縮小均衡していくシナリオ1へ乗り換えるとしたら、どうなるか？

この切り口の根拠は、現在のシナリオ2（成長市場へ事業構造をシフトして成長する）を追求し続けるための対応策として、まずZ社との契約を継続できる方策を第一に進めつつ、契約打ち切りとなってもシナリオ2を継続して追求できる方法を考え出す。

それでも、シナリオ2の追求が難しければ、シナリオ1（現状の事業路線を維持して縮小均衡して延命する）への軌道修正を考える、というものです。

そのために、まず、①Z社が契約を打ち切る方針とした理由を理解し、その理由を踏まえて、②A社が取り得る選択肢を洗い出して、その選択肢の優先順位をつけ、その優先順位を踏まえて、③Zとの交渉方針、手順を組み立てる。それでも、④Z社の契約打ち切りが不可避となってしまった場合にはどう対処するのかを想定して準備する。

さらに、⑤事業シフトを進めるシナリオ2を追求することが難しくなった場合まで想定して、シナリオ1への軌道修正をどう進めるのか、考えておきます。

このケースのサブイシューの展開は、契約を継続させていくために解明する必要がある項目を挙げた展開になっています。そして、このサブイシューのすべてについて、解明すべき内容が明らかになると、うまくいけば、来年度以降もZ社との契約を継続できるようになります。

一方、契約継続できなかった場合の軌道修正についても、④および⑤のサブイシューが挙げられてイシュー思考されれば事前に準備が整います。

これを2段目のサブイシューの切り口としてサブイシューを言語化し、さらに、3段目までサブイシュー展開したイシューの体系例は次の通りです。

図5-16 サブサブイシューへの展開例5

そもそもの目的｜事業継続して存続し、成長する

イシュー → **サブイシュー** → **サブサブイシュー**

実行段階で遭遇した想定外の難所の1つとして...

- **イシュー：どのようにして、来年度以降もZ社との契約を継続できるようにするか？**
  - Z社が契約を打ち切る方針とした理由は何か？
    - 当社がサービス提供できなくなる、あるいは、サービスレベルが低下すると想定したからか？
    - 元々、他社へ乗り換える予定だったのか？それはなぜか？
    - Z社がシステムの更新・入れ替えをするなど、既存のシステムをやめるためか？
    - これら以外の理由か？
  - 当社として取り得る選択肢は何か？
    - 事業構造転換後も、今後5年間は現状のサービスをZ社へ提供する体制を維持すると文章を取り交わして確約をする。他社への切り替えよりも当社が有利となる提案をする
    - Z社の新システムを対象としたサービスを受注できるよう働きかける
    - 他にも選択肢はないか？
  - どのようにZ社との交渉・会話を組み立てるか？
    - Z社の誰が最終意思決者で、稟議を上げる準備をするのは誰か？
    - どのような交渉方針、交渉シナリオで交渉を進めるか？
    - 交渉をうまく進めるために、誰に、どのようなサポートを頼むか？
  - どうしても、Z社との契約が打ち切りとなる場合、どのように対処していくか？
    - 今後の5年間について、売上、利益はどのような影響を受けるか？
    - 新事業のために必要となる投資余力をどのようにして確保するか？
    - エンジニアのシフト、あるいは、リストラのスケジュールをどのように変更する必要があるか？
  - 事業シフトのシナリオ2を断念して、縮小均衡のシナリオ1へ乗り換えるとしたら、どうなるか？
    - シナリオ1は具体的にどうなるのか？どのように進めるのか？
    - いつの時点までに、シナリオ1への乗り換え判断をする必要があるか？

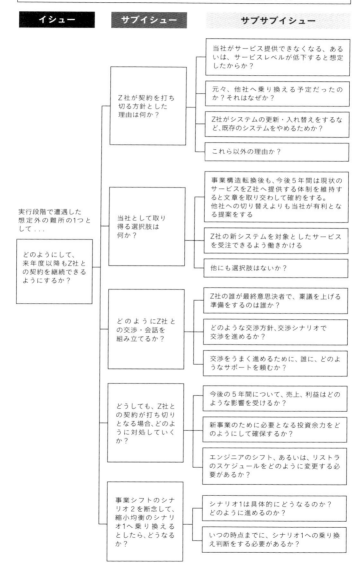

3段目のサブサブイシューのレベルの一部については、仮説を設定した切り口で書き記しています。

本章では、「業績不振となっている企業を立て直す」ケースをもとに、イシューの特定から解決策を構築して、実行段階に至るまでの具体的な思考を進めてきました。

このケーススタディーを通じて、イシュー思考とはどういうものなのか、そして実際の問題解決の場ではどのように使うものなのか、理解が進んだのではないでしょうか。

ぜひ、本書で取り上げた数々の事例やケースを参考として、できる限り実際の場面で真似をしながら体得していってください。守破離のごとく、まず「真似て」、次に「真似を超えて」、ついにはイシュー思考の「新境地（自分なりの発展形）」へ進んでいきましょう。

最終章

まとめ

イシュー思考の基本

最終章として、イシュー思考の基本をまとめておきましょう。

具体的なケースに沿った第4章、第5章まで読み進めたところで、このまとめを読んで、イシュー思考の基本を再確認しながら反芻する機会としてください。きっと、より深い気づきや納得につながると思います。

イシュー思考の「型」である6つのプロセスに加えて、第3章で取り上げた問題解決に応用する際の4つのポイント、および「仮説思考」のそれぞれについてまとめます。

イシュー思考の「型」は、

❶ 目的と目指す姿を言語化する

Ⅱ イシューを特定する
Ⅲ イシューステートメントへ言語化する
Ⅳ サブイシューへ展開してイシューを体系化する
Ⅴ 分析・解釈・判断する
Ⅵ 結論版へ書き換える

です。

この6つのプロセスは、ⅠからⅥまで一直線に進むわけではなく、分析・解釈・判断を進めながら「往復運動」します。仮説がアップデートされていく度に、必要に応じて前のプロセスへ遡って書き換えアップデートが行われるからです。

そして、実際に問題解決を進めていく際に、イシュー思考を使って問題解決の糸口を見出したり、障害を乗り越える方法や、イシューの体系のメリットを最大限活用する方法、すなわち「イシュー思考を使い倒す」ための4つのポイントが、

☑ 根源課題を突き止めて問題解決の糸口を見出す
☑ 難所を想定して乗り越える
☑ イシューの体系が問題解決のマップとなる
☑ 実行計画へ落とし込む

です。

さらに、イシュー思考を実践するうえで欠かせない「仮説思考」についても要点を振り返っておきます。

それでは、それぞれについて、思考の流れと大事な視点をまとめていきましょう。

イシュー思考プロセス ① 目的と目指す姿を言語化する

問題解決とは、現状と「目指す姿」のギャップを埋めること

ある問題を解決したい、という問題意識が芽生えるのは、何らかの「目的」が満たされていない状態、すなわち「目的が満たされた状態（＝目指す姿）と現状の間にギャップがある」時です。

問題解決とは、このギャップを埋めて「目指す姿」を実現することによって、目的を達成することです。

「目指す姿」は、「目的」を達成するための手段

「目指す姿」を実現することによって「目的」を達成します。「目指す姿」はあくまでも手段なので、ある「目的」を達成するための「目指す姿」は、複数のバリエーションがあり得ます。

「目指す姿」を具体化して言語化する

思考していくためには、言語化することが不可欠です。それは、脳内の論理的な思考は言語を介して整理され、深められていくからです。映像や空気感として直感されたものも、論理的に深めていくためには言語化することが必要です。

将来機会を見極めて、目指す姿の全体像と規模感・程度を具体化する

まず、外部環境、内部状況が今後どのように変化していくのか、その将来動向を調査・分析して、将来機会を見極めます。

そして、見出された将来機会を拠り所として、目指す姿の全体像とともに、その規模感や大きさ・程度についてもできる限り定量化して描くことが大事です。

定量化することによって、目指す姿を実現するための難易度が明らかになって、解決のアプローチを具体的に組み立てることが可能となります。

「そもそもの目的」を明確にする

「そもそもの目的」とは本当に達成したい目的です。「目指す姿」は、目的を達成するための手段ですが、しばしば、これを目的と捉えてしまいがちなので注意してください。

「そもそもの目的」を明確にすることによって、「目指す姿」がどこまでの内容となるのか、そして、問題解決の範囲とアプローチがどうなるのかが、具体的に定まります。

目指す姿の候補に優先順位をつけて、優先度の高いものから追究する

「そもそもの目的」を達成するための目指す姿は複数あり得ます。

この複数の候補について、その結果のインパクトの優劣、実現可能性、達成までに要する労力・時間・資金の量を主要な判断基準として優先順位をつけ、優先度の高い候補からを追究します。

イシュー思考プロセス II イシューを特定する

イシューとは、目指す姿を実現するために解くべき課題

目指す姿を実現するために、問題をどの切り口からどの方向へ解いていくのかを考え、解くべき課題（イシュー）を特定します。

イシューの要件は、①解き得る、②解いた結果のインパクトが大きい

解くことが不可能な課題は当然、イシューではありません。また、解いた結果が問題解決（＝目指す姿の実現）につながらない課題もイシューとは呼べません。

貴重な時間や労力、資金を無駄な作業に費やさないよう、イシューの要件を満たすのか否かをはっきりと見極めてイシューを特定します。

そこそこイシューの段階で闇雲に作業を進めるのは禁じ手

イシュー思考は、生産性を飛躍的にアップしてくれる思考法ですが、それは、正しく使えた場合に限ります。

イシューの特定が十分に詰め切れていないそこそこイシューの段階で、闇雲に作業を進めるのは禁じ手です。それでは無駄な作業がたくさん生じてむしろ大損となります。

実際の分析作業に入るまでの大事な準備であるイシューの特定とイシューの体系化に時間投資して、問題解決の指針・設計図を十分に整えてから具体的な作業に入ることによって、最も

生産性が上がるのです。

イシュー思考プロセス Ⅲ イシューステートメントへ言語化する

特定したイシューを、「イシューステートメント」へ言語化する

特定されたイシューを、簡潔かつ具体的な一文（イシューステートメント）に書き下します。イシューステートメントは、その後に続くイシューアナリシス（イシューを分解して体系化すること）の起点となるので、しっかり言語化することが重要です。

優れたイシューステートメントとは、次々と検証したい疑問が湧いてくるもの

「優れたイシューステートメント」とは、仮説思考を勢いよく始動させるような、本当か？　検証したい！　書き換えたい！　という気持ちが湧いてくる具体的な表現で書かれた一文です。「優れたイシューステートメント」を書くポイントは、

☑ 叩き台（仮説）と割り切って、あいまい語を避けて可能な限り具体的に表現し、期限・タイムラインも記す

☑ 問題解決を進めていく解き方のアプローチのイメージが湧いてくる表現にする

☑ 検証が終わって結論が確定するまでは、文末を疑問形にする

参考までに、イシューを特定して優れたイシューステートメントへ言語化していくまでの一連の流れは、以下の6つの手順を活用すると便利です。

ⅰ さて、何に困っているのか？

ⅱ どうなりたいのか？　どんな姿になりたいのか？

ⅲ その姿を目指す、そもそもの目的は？

ⅳ ということは、あらためて目指す姿は？

ⅴ では、どのような切り口で目指す姿を実現するのか？

ⅵ とするとイシューは、どのように言語化されるのか？

Ⅳ サブイシューへ展開してイシューを体系化する

大きなイシューをサブイシューへ分解する

優れたイシューステートメントへ言語化されても、そのままでは具体的な問題解決はなかなか進みません。イシューが大き過ぎて、複数の要因が絡み合っているためです。

そこで、問題解決を具体的に進められるようにするために、必要な分析作業が具体的にイメージできるレベルまでイシューを分解します。まず、イシューをいくつかのサブイシューに分解し、それぞれのサブイシューをさらにサブサブイシューまで分解して、ツリー構造のように体系化します。

上位のイシューを論理的に説明する十分条件のセットへ展開する

サブイシュー、サブサブイシューへの分解は、上位のイシューを論理的に説明するための項目が漏れなくカバーされるセット（＝十分条件）へ展開します。

ちなみに、関連はあっても検証する必要がない項目は、サブイシュー、サブサブイシューにあえて記載する必要はありません。

解ける切り口のセットへ展開する

サブイシュー、サブサブイシューへ展開していく切り口は、解ける切り口のセットとします。問題解決を進めていくなかで、あるサブイシュー、サブサブイシューが解けない（＝必要な情報や分析手法がない、など）と判明したら、解ける切り口のセットへ組み替えます。

イシューの体系の基本型

イシューの体系の基本型は、階層として3〜4段階、1つのイシュー、サブイシューから次の階層への分解は3〜7個に収まるツリー構造にします。

イシュー思考プロセス Ⅴ 分析・解釈・判断する

各サブサブイシューについて分析・解釈・判断する

最下層のサブサブイシューをそれぞれについて、分析を実行して、分析結果を解釈し、その解釈に基づいて判断します。このとき、同じ分析結果についても解釈は複数あり得るので、解釈の仕方が判断の内容を大きく左右します。

分析を進める順番をうまく組み立てる

それぞれのサブサブイシューに関する分析を進める順番をうまく組み立てると、分析作業全体の生産性が上がります。なぜなら、ある分析の結果次第でイシューの体系が書き換えられて、別のサブサブイシューの分析が不要になったり、変更されることが起こるからです。

各サブサブイシューの判断に応じて、イシューの体系を書き換えアップデートする

各サブサブイシューの分析・解釈・判断が進むにつれて仮説がアップデートされていくので、それに応じて、関係する他の部分もアップデートしていく必要があります。その結果、イシューの体系全体も書き換えアップデートされていきます。

イシュー思考プロセスⅥ 結論版へ書き換える

イシューの体系のすべてのステートメントを、説明調へ書き換える

すべてのサブサブイシューの分析・解釈・判断が完了して、それに伴うイシューの体系全体の書き換えアップデートが終わったら、それぞれのステートメントを説明調となるよう言い切り形へ書き換えます。これが、イシューの体系の「結論版」です。

イシューの体系の結論版は、ピラミッドストラクチャーになっている

言い切り形へ書き換えられたイシューの体系の結論版は、論理的なピラミッドストラクチャーの構成となっています（ピラミッドストラクチャーとは、下層に記述された項目のセットが上位に記述された内容を論理的に根拠づけて説明する構造で、形状がピラミッド形になっています）。

根源課題を突き止めて問題解決の糸口を見出す

目的達成のためには、問題解決がうまくいかない要因（＝根源課題）の解明が必須

問題の解決策を組み立てる時、以前にも同じような解決策が議論されたが実行に移されなかった、あるいは実行したが途中で頓挫した、ということは往々にしてあります。

そうした場合、ヒトや組織に関する「うまくいかない要因」（＝根源課題）が必ず潜んでいます。

この根源課題を解明することが、目的達成のために必須です。

解決策が実行できなかった悪循環を解明し、根源課題を見極める

「なぜこれまで、そうできなかったのか?」という問いによって洗い出された項目を並べて、どんな悪循環が起こっているのかをできるだけシンプルに図に描いてみます。何度か描き換えて、得心できるシンプルな悪循環図に至ると、自ずと悪循環の起点(=根源課題)が見つかります。

悪循環を良循環へ反転させる取っ掛かりを見つけ、良循環図を描く

根源課題をどのように解けば悪循環を止めて良循環に反転できるか考えていくと、その取っ掛かり(=問題解決の糸口)が見えてきます。この問題解決の糸口を起点とする良循環図を描きます。

問題解決の糸口を具体化する

良循環の起点となる問題解決の糸口を、具体的なアクションへ落とし込みます。関係するヒトや組織の行動特性を熟慮して、受け容れられやすく、抵抗や拒否反応が許容範囲内に抑えられて、起点となる最初の一歩のアクションを確実にスタートできるよう組み立てます。

問題解決の糸口を起点として解決策の方針を定める

具体化された問題解決の糸口を起点として、どのように良循環を実現していくのか、解決策の方針を定めて具体化していきます。

この方針設計が、机上の教科書的なものに留まってしまうと、見た目は立派に見えても、問題解決がうまく進まない方針となってしまいます。現地現物を見極めて、実行可能な解決策の方針を見出します。

難所を想定して乗り越える

計画の実行を阻む「難所」をあらかじめ想定することが大切

問題解決の実行段階では、計画の実行を阻むさまざまな「難所」に直面します。

難所の原因となるものは、技術革新などの外的要因と、現場の協力が得られないなどといった内的要因があります。

難所の多くは、事前に（＝解決策の構築段階で）想定し、対策を講じておくことが可能です。

イシューの体系を俯瞰《ふかん》して難所を想定し、対策を講じる

イシューの体系を俯瞰して、「難所はどこか？」「どこで苦労しそうか？」と脳内シミュレーションをし、難所をできる限りあらかじめ想定します。

そして、まずはどのような工夫によってその難所を乗り越えるか、解決策を探ります。

同時に、うまく乗り越えられなかった場合を想定して、代替シナリオを複数考えておきます。さらに、どの時点で代替シナリオに切り替えるかという「判断分岐点」と、その際の「判断基準」まで明確にしておきます。

こうした対策を組み立てる際にも、イシュー思考が活用できます。想定される難所をイシューステートメントとしてイシューの体系に展開することによって、効率的に段取りをすることができます。

それでも想定外が起こるもの

どれだけ難所の想定に努めて、様々なシミュレーションを繰り返したとしても、実際には想定外のことが起こるものです。

しかし、難所の想定と事前のシミュレーションを十分に行っておくと、想定外のことが起こった時でも、考えるべきこと、留意すべきこと、対応策の選択肢などについて、迅速に思考が進められます。その意味でも、事前のシミュレーションが重要です。

イシューの体系が問題解決のマップとなる

イシューの体系は、問題解決のすべてを見渡せる「マップ」

イシューステートメントをサブイシュー、サブサブイシューへと展開した「イシューの体系」は、目的達成に至る問題解決のすべてについて、マクロ（問題解決の全体像）とミクロ（具体的な分析／アクションのタスク）が同時に俯瞰できる優れたマップです。

この「マップ」としての「イシューの体系」を最大限活用していくことが、問題解決の生産性を飛躍的に高めます。

イシューの体系をマップとして共有する

イシューの体系をチームメンバーの間で共有すると、そのメリットは、個々のメンバーの脳の働きがアップするにとどまらず、チームとしての協働的な問題解決思考に大きな効果を生みます。

それぞれのメンバーが分析結果を得たり、何かに気づいたり、閃いたりしたことが、マップ上のどこの内容なのか、それによって問題解決がどう進むのか、あるいは、どう軌道修正しなくてはならないのかが、即座にメンバー全員の共通理解となるからです。

マップであるイシューの体系は、結論に至るまで書き換えアップデートされ続ける

新たな解釈・判断や発見を得た際には、それによってイシューの体系のどの部分がアップデートされるのかしっかり検証したうえで、書き換えます。

イシューの体系は、あくまでも仮説なので、常に臆することなく書き換えアップデートして進化させていきます。

イシューの体系を書き換える際には、常に目的達成に向けた十分条件を満たしているか否かを確認し続けることが大事です。確認の結果、追加の段取りや軌道修正が必要となれば、臨機応変に修正します。

実行計画へ落とし込む

問題解決のアクションを実行する順番を組み立てる

イシューの体系に基づいて、具体的なアクションを実行する順番を組み立てます。このとき、どの順番でサブイシューを解いていくのか、どの順番でアクションを展開していくのか、といった具体的な順番の組み立てが、問題解決・目的達成の成否に大きく関わります。特に、組織内のどのチームの誰からどの順番で浸透させていくのか、など、ヒトや組織の行動特性を考慮して順番を組み立てます。

「全体マスター計画」と「直近のアクションプラン」を策定する

解決策を実行に移すために、タイムラインに沿ったアクションプランを描きます。アクションプランは、目的達成に至るまでの道筋の概要を記した「全体マスター計画」と、数日、数週間、1～3ヶ月といった直近のアクションをより具体的・詳細に定めた「直近のアクションプラン」の2つを策定します。

全体マスター計画には、タイムラインとともに、中程度にまとめられたアクション項目と、判断ポイント・判断分岐点が記されます。

全体マスター計画は、直近のアクションプランほど詳細化しません。なぜならば、判断分岐点において判断・選択された選択肢によって、その後のマスター計画の書き換えアップデートが起こるからです。

臨機応変に対処する

実行段階では、臨機応変な姿勢が求められます。想定外のことがいつでも起こり得ますし、一見、順調に進んでいるように見えても、微妙なズレが内包されていることもあります。

平常時はプラン通りに進めることが大事ですが、想定外のことが起こったり、微妙なズレが生じた際には、すみやかに対応し、必要ならばアクションプランも書き換えアップデートします。

計画外のことが起こったとき、無理矢理にでもプラン通りに立て直そうとするのは、正解ではありません。計画にこだわるあまりに、結果として目的達成できないこととなっては本末転倒です。

計画（全体マスター計画および直近のアプションプラン）は、あくまで目的達成に至る「仮説」と考えて、臨機応変にアップデートしていきます。

仮説思考

仮説思考は〝間違い思考〟

仮説思考は、仮置きの案（仮説）を立てて書き換えアップデートし続けていく思考法です。

仮説は叩き台と割り切って、間違いを恐れることなく、そう言い切っていいのか気になって仕方なくなるほど具体的に言語化して書き記します。

そうすると、「本当か?」「検証したい！」「書き換えたい！」という自然な衝動に脳内活動が駆り立てられて、仮説の検証作業に勢いがつきます。

仮説思考の目的は「生産性高く・効率よく問題解決を完遂する」こと

仮説思考の目的は、問題解決の生産性を上げることです。したがって、問題解決の生産性を上げない「仮説思考」は全く価値がありません。

仮説思考の成功は、「仮説の書き換えサイクルスピードの速さ」で測られる

問題解決の生産性を上げる「仮説思考」とは、仮説を検証して書き換えていく仮説更新のサイクルが高速で回転している状態です。

仮説は、仮説更新サイクルの速さが速いほど優れています。当初の仮説から、全く書き換え更新が進まない仮説は、「ダメ仮説」です。

イシュー思考を習得していくために

イシュー思考は、知的生産性を上げて目的を達成する思考法であり、とても有効で不可欠な思考の「型」です。

一方、これは「型」なので、中身については、自分で埋めていくものです。

イシュー思考の「型」に、ケースに応じた中身を組み込んで、イシュー思考を進めていきます。

この中身、すなわち、具体的な仮説の案出や、サブイシューへの展開、難所の想定や、難所をうまく乗り越えるための事前の段取り、そして、難所に直面したときの対処法、さらに、言語化における語彙のバリエーションなどは、実際の経験によって蓄積される経験スキルです。

第5章で解説してきたケーススタディーの中で、例として紹介したイシューの体系図を目にして、「どうしたら、このようなイシューの体系へ展開できるのか？」と興味とともに疑問を持たれた方が少なくないでしょう。

このような疑問を持ちつつ、目にしたイシューの体系図のそれぞれについて、「このようにサブイシューへ展開されたら、イシュー思考が進められる。こういうイシューの体系図が、いい例なのだな」と感じられるだけで、まずは十分です。

「どうしたら、このようなイシューの体系へ展開できるのだろう？」と興味と疑問を持ちながら、本書の中のイシューの体系図を例として眺めていると、パターン認識を太くしていく「芯」ができるでしょう。

この「芯」を拠り所として、経験とともに雪だるま式に習得していってください。

同時に、自分一人で解決しようと頑張るのではなく、先人の知恵を借りることが大切です。自分一人で考えてもいい結果には至りません。臆することなく経験者と会話して、経験者から知恵をもらいましょう。

そして、経験スキルである「中身」を、自らの経験や知識にとどまらず、どんどん先人や経験者の知恵を借りて、積極的に太くしていきましょう。

最後に、イシュー思考の特徴を一言で表すならば、「鳥の目、虫の目、魚の目をすべて使う」ということです。

鳥の目とは、俯瞰・鳥瞰的思考のことです。大局観・全体観と言ってもいいでしょう。問題解決に当たっては、常にBig Pictureを観ることが大切です。

同時に、虫の目、すなわちディテールを見逃さない綿密さや多面的に物事を見る複眼的思考も必要です。

魚の目とは、流れを読む未来志向のことです。つかみたい機会やチャンス、取り巻く環境条件などが、今後どのような方向へむかうのか、過去に囚われることなく純粋に未来を見据えて判断していきます。

ぜひ、こうした視点も意識しながら、地道にイシュー思考を研鑽し続けてください。

あなたも必ずできるようになります！

おわりに

イシュー思考の基本的な「型」について、できる限り具体的にお話ししてきました。

この本を手に取ってくださった皆さんが、イシュー思考に本気で取り組むきっかけになったなら、これ以上の喜びはありません。


私は、マッキンゼーのマネジャー3年目の時に、「イシュー思考ができるようになった！」と実感しました。

その時、特に「イシューアナリシス（＝イシューの体系化）」をとても心強い相棒のように感じるようになったのを覚えています。実は、「イシューの特定」については、これよりもかなり前から実践で使えるようになっていましたが、「イシューアナリシス」の体得には時間がかかりました。

マネジャー3年目になった時に、それまで不安で恐る恐る共有していた「イシューアナリシス」を、何の躊躇もなくチームのメンバーやクライアントと共有して、議論をリードしていくことができるようなったのです。

いったん使いこなせるようになると、イシューアナリシスは、いろいろな意味において非常に使い勝手がよいと感じるようになりました。

まず、イシューの体系図をチームでシェアすると、問題の全体構成が可視化されることによって、目的を達成するために必要な項目に漏れがないか、論理構成の誤りや論理の飛躍がないか、といった大事な確認を、マネジャー（私）１人ではなく、常にメンバー全員の目で確認できるようになるため、マネジャーの負担が大幅に軽減されてラクになることに気づきました。

また、クライアントとの議論や情報共有にも大変便利なうえに、最終報告書を書く際には、イシューの体系図の内容をそのままワードのテキスト文書に書き下ろすだけで報告書の骨子とその構成が完成するので、極めて効率的に作業が進むようになりました。

さらに、（これはマネジャーの立場ならではの応用編になりますが）「仮説思考の仮説は間違っていても構わない」ことを逆手に取って、わざと間違った仮説を議論の俎上に載せると、メンバーの発言が促進されて、より建設的に議論が進むことも発見しました。

そうすると、結果として、プロジェクトが実質的にラクに前進します。

こうしたことから、イシュー思考とは、マネジャーの私自身がラクにプロジェクトを仕切って成功に導くことができる〝魔法のような〟仕事術であると確信したのです。

それ以降は、この便利なイシュー思考を使わない手はない、ということで、自分自身が課題を解くときにも、プロジェクトをリードするときにも、常に当たり前のようにイシュー思考を使う習慣がつきました。

イシュー思考は、どのような立場にいる人にとっても、普遍的な仕事術であり、サバイバル術であるというのが、私の実感です。

ぜひ、イシュー思考を実践して、研鑽し続けていってください。地道に続けていけば着実にスキルアップし、いつの間にかスイスイと自転車を乗りこなすようにイシュー思考できるようになって、あなたの仕事の生産性が極限まで高められるでしょう。

イシュー思考は、ビジネス課題のみならず、政治的・社会的な課題から家族・人間関係における問題まで、あらゆるシーンにおいても有効です。イシュー思考が、社会を担う多数の人々の共通言語として広く活用されて、より良い未来が実現されていくことを切望します。

最後に、私の経験に基づくイシュー思考の実践法を書籍に著すよう強く勧めてくださった、かんき出版の金山哲也さんへ深く感謝いたします。金山さんの強い働きかけと、内容の構成、さらに、できる限りわかりやすくするための編集なくしては、本書は実現できませんでした。

そして、私を育ててくれたマッキンゼーの諸先輩方、同僚には、感謝の念に耐えません。さらに、アクセンチュアで仕事を共にしたメンバー、カーライルをはじめ、私が関わらせていただいた企業の方々、私がファカルティとした関わった特定非営利活動法人ＩＳＬ、大学院大学至善館のファカルティとゼミ生の皆さん、株式会社キャリアデベロップメント・アンド・クリエイションのメンバーのそれぞれが、貴重な学びと経験の機会を授けてくれました。

また、本書は、妻の和氣順子より、文章のブラッシュアップに惜しみない協力を得て仕上がりました。

あらためて、すべての方々へ心より謝意を表します。

仮説思考

間違い思考と割り切って具体的に書き下し、書き換えアップデートを高速回転させて問題解決の生産性を上げる。

イシュー思考をうまく進めるためのキーワード集

☑ そもそもの目的は？

この問題の解決を目指す、そもそもの目的は何か、常に意識する。

☑ 目指す姿は「手段」

目指す姿とは、「そもそもの目的」を達成するための「手段」。
「○○○までに△△△になる／する」の型にはめて具体的に書く。

☑ イシューの要件（①解き得て、②解いた結果のインパクトが大きい）

解けない課題、解けてもインパクトの小さい課題に労力を割くのは無駄。

☑ 「書き換えたくなる」イシューステートメント

本当か？　検証したい！　書き換えたい！　がどんどん湧いてくる表現にする。

☑ そこそこイシューで闇雲に着手するのは禁じ手

適当・曖昧なそこそこイシューで作業に着手すると資源の無駄遣いになる。

☑ 言語化とイシューの体系化に時間投資する

問題解決の指針・マップを整えて作業を進めると、最も生産性が高まる。

☑ 十分条件となるセット

サブイシューは、その上位のイシューを説明する「十分条件」となるセット。

☑ サブイシュー展開にもストーリー性

「空・雨・傘」（現状理解→解釈→判断）のストーリー展開が有用。

☑ 現地現物が拠り所

真実と新発見は現地現物にしかない。現物や現場、さらに、当事者本人に直接アクセスする。二次情報に頼らない。

☑ 根源課題を見極める

問題は、源流に遡って解かないと、解ききれない。

☑ ヒトや組織の行動特性

何らかの移行が起こるとき、ヒトや組織の行動特性がネックとなりやすい。

☑ 難所の想定

難所は、事前に対策を仕込んでおくことが肝要。

☑ 代替シナリオ

当初の計画通りに進まないことを想定して、プランB、Cを作っておく。さらに、シナリオ選択の判断基準まで考えておく。

☑ 仮説思考は間違い思考

仮説は叩き台と割り切って、具体的すぎるくらい具体的に書き下す

☑ 仮説思考を高速回転させる

仮説の書き換えアップデートが次々と行われている状態が、良い仮説思考。

☑ 先人の知恵を借りる

経験知が物を言う場面では、臆せずに経験者・先人の知恵を借りる。

本書の要点一覧

イシュー思考の「6つのプロセス」

Ⅰ 「目的」と「目指す姿」を言語化する
目的を言語化し、目指す姿を具体的に期限つきで明確化・言語化してイシュー思考をスタートする。

Ⅱ イシューを特定する
目指す姿を実現する解き方のアプローチを明確にして、イシューの要件を満たすものをイシューと特定する。

Ⅲ イシューステートメントへ言語化する
具体的な仮説に根差した1文にし、本当か？　検証したい、書き換えたい、がどんどん湧いてくる表現へ言語化する。

Ⅳ サブイシューへ展開してイシューを体系化する
イシューを検証(証明あるいは反証)する十分条件となるサブイシューのセットへ展開し、さらに、各サブイシューを同様にサブサブイシューのセットへ展開する。

Ⅴ 分析・解釈・判断する
各サブサブイシューについて分析を進めて、結果を解釈し、仮説をどう書き換えるか判断する。

Ⅵ 結論版へ書き換える
仮説の書き換えアップデートが完了したイシューの体系を、結論とその根拠を説明する言い切り調へ書き換える。

「イシュー思考を使い倒す」ための4つのポイント

根源課題を突き止めて問題解決の糸口を見出す
目的達成のためには、根源課題を解明することが必須であり、根源課題を解くところが問題解決の糸口になる。

難所を想定して乗り越える
難所をあらかじめ想定し、これをどう乗り越えるのか、代替シナリオがどうなるか、と脳内シミュレーションすることによって、うまく難所を乗り越える段取りを仕込む。

イシューの体系が問題解決のマップとなる
イシューの体系が目的達成に至る問題解決の全てについて、マクロ（問題解決の全体像）とミクロ（具体的な分析／アクションのタスク）が同時に俯瞰できる優れたマップとなる。

実行計画へ落とし込む
着実に目的が達成されるようにアクションを実行する順番を組み立てて、全体マスター計画と直近のアクションプランを策定する。実行段階で遭遇する想定外のことには臨機応変に書き換えアップデートする。

【著者紹介】

和氣　忠（わき・ただし）

◉——日本道路公団のエンジニアとして高速道路計画・建設に従事したのち、マッキンゼー・アンド・カンパニーにてテクノロジー・製造業分野を担当してパートナー就任、グローバルマネジャートレーナーのメンバー兼東アジア地域マネジャートレーニングリーダーとなる。その後、カーライルグループのアドバイザーとして投資先をサポートし、デジタル化の動きが本格化していくタイミングにてアクセンチュア戦略コンサルティングのマネジングディレクター就任。2017年に働くヒトの可能性を開花させることをミッションに、株式会社キャリアデベロップメント・アンド・クリエイションを起業。著書に『なるほどイシューからの使えるロジカルシンキング』（かんき出版）がある。

◉——東京大学工学部土木工学科卒業、同大学院修了

◉——スタンフォード大学MBA修了

イシュー思考《しこう》

2025年２月３日　　第１刷発行
2025年２月26日　　第２刷発行

著　者——和氣　忠
発行者——齊藤　龍男
発行所——株式会社かんき出版
東京都千代田区麹町4-1-4 西脇ビル　〒102-0083
電話　営業部：03(3262)8011㈹　編集部：03(3262)8012㈹
FAX　03(3234)4421　　振替　00100-2-62304
https://kanki-pub.co.jp/

印刷所——ベクトル印刷株式会社

 ISBN978-4-7612-7783-3 C0030